IRMÃOS

ALEX VAN HALEN

Belas Letras.

MÚSICA CULTURA POP CINEMA

IRMÃOS

ALEX VAN HALEN

TRADUÇÃO: MARCELO VIEIRA

Belas Letras

Título original: *Brothers*

Publisher
Gustavo Guertler

Coordenador editorial
Germano Weirich

Supervisora comercial
Jéssica Ribeiro

Gerente de marketing
Jociele Muller

Supervisora de operações logísticas
Daniele Rodrigues

Supervisora de operações financeiras
Jéssica Alves

Edição
Germano Weirich

Tradução
Marcelo Vieira

Preparação
Belas Letras

Revisão
Lucas Mendes Kater

Capa e projeto gráfico
Celso Orlandin Jr.

Foto da capa: MediaPunch/Shutterstock
Todas as imagens são cortesia do autor, exceto onde indicado de outra forma.

2026
Todos os direitos desta edição reservados à
Editora Belas Letras Ltda.
Rua Visconde de Mauá, 473/301 – Bairro São Pelegrino
CEP 95010-070 – Caxias do Sul – RS
www.belasletras.com.br

Dados Internacionais de Catalogação na Fonte (CIP)
Biblioteca Pública Municipal Dr. Demetrio Niederauer
Caxias do Sul, RS

V254i   Van Halen, Alex
Irmãos / Alex Van Halen ; tradutor: Marcelo Vieira. - Caxias do Sul, RS: Belas Letras, 2025.
240 p.

Título original: *Brothers*
ISBN: 978-65-5537-517-6

1. Van Halen (Conjunto musical). 2. Rock (Música). 3. Músicos de rock - Estados Unidos – Biografia. I. Vieira, Marcelo. II. Título.

25/89   CDU 784.4(73)

Catalogação elaborada por Vanessa Pinent, CRB-10/1297

PARA STINE VAN HALEN, O AMOR DA MINHA VIDA

SUMÁRIO

IRMÃOS

PRELÚDIO

Eu não existiria sem meu irmão. Brigamos, discutimos e até nos desentendemos concordando, mas o laço e o amor incondicional que nos une são raros, algo que poucos vivenciam em toda uma existência. Não somos uma banda de rock; somos uma banda de rock 'n' roll. Alex é o rock, eu sou o roll.

— EDWARD VAN HALEN (1955–2020)

A música era tudo para nós. Era o que fazíamos. Era o que amávamos. Era o que nos dava prazer e no que éramos bons. Também era o que nos tornava o mais próximos que duas pessoas podem ser. Estávamos conectados em todos os sentidos – genética, artística, financeira, emocional e, embora nenhum de nós fosse católico, me atrevo a dizer: espiritualmente. *É muito difícil romper esse tipo de vínculo. Já se passaram quase quatro anos desde que você se foi, Ed, mas às vezes parece que foi esta manhã.*

Uma das minhas primeiras lembranças – eu devia ter no máximo dois anos – é da nossa mãe me dizendo para fazer silêncio para não acordar você, meu recém-chegado irmãozinho. Você não era apenas mais novo. Sempre foi mais introvertido, mais impressionável e mais sensível do que eu. "Vista um terno!", nossa mãe insistia, a despeito do nosso sucesso. Eu não ligava; simplesmente esquecia. Acha que sou casca-grossa? "Você ganha a vida batendo em coisas com um pedaço de pau, o que esperava?" Essa foi a sua fala, e creio que você tinha razão.

Você não conseguia filtrar as críticas – nem os elogios, aliás; tudo te atingia diretamente. Todos sempre falavam do seu sorriso, aquele sorriso de criança... tão puro. Não era só a sua aparência; era a sua essência.

Essa sensibilidade fazia parte do que te tornava um músico brilhante. "O maior guitarrista do mundo", é o que todos dizem, mas é um título meio arriscado – e você nunca gostou dele. Permita-me dizer algo: chamar você de "o maior" dá a entender que houve muitos semelhantes. Mas Edward Van Halen foi único.

Você podia tocar uma simples nota e ela soava diferente, única. Miles Davis dizia que não são as notas que você toca, mas as que não toca... É aquele silêncio intangível que faz a diferença entre um som e outro. Desde a primeira vez que pegou um violão – meu violão, aliás –, sua ressonância e sua entonação já eram únicas. Muito antes de as pessoas enlouquecerem com o seu tapping, o talento já estava lá, mesmo quando você apenas dedilhava um acorde. Você sempre dizia que não sabia de onde isso vinha.*

As pessoas me dizem: "Você sempre terá a música". E a melhor homenagem que alguém pode te prestar é ouvir nossas músicas (estou ouvindo "Loss of Control" enquanto escrevo isto). São as coisas entre os licks que me pegam – era algo tão seu, um jeito tão característico de tocar... E então, em segundos, você já mudava o lick! Deixava que ele evoluísse, mesmo que levemente, do modo mais interessante. E, na maior parte do tempo, você nem se dava conta disso. A música simplesmente fluía através de você.

* (N. T.) Técnica de guitarra na qual as duas mãos percutem o braço do instrumento – uma marca registrada de Eddie Van Halen.

Mas eu vi você dar seu último suspiro. E, naquele momento, tudo o que você fez ou criou neste mundo... não pôde levar consigo.

Desde que você partiu, me pego falando (e gritando) com você em meus pensamentos, às vezes, até em voz alta. Ainda tenho dificuldade de acreditar que você se foi – e, provavelmente, para mim, você nunca se irá. Viver mais do que meu irmãozinho? Isso nunca fez parte do plano. Como irmão mais velho, eu é que deveria ter partido primeiro. O mesmo Ed de sempre: furando a fila!

Eu assisti – às vezes com raiva, às vezes com tristeza, outras vezes com orgulho – ao mundo lamentar a sua partida e outras pessoas tentando contar a sua história. Mas eu estive com você desde o primeiro dia. Compartilhamos a experiência de imigrar para este país e descobrir como nos encaixar. Compartilhamos um toca-discos, uma casa de 74 metros quadrados, uma mãe, um pai e uma ética de trabalho. Mais tarde, compartilhamos o fundo de um ônibus de turnê, a experiência de alcançar o sucesso, de nos tornarmos pais e tios, de lidar com o alcoolismo e de passar mais horas no estúdio do que em qualquer outro lugar nesta vida. Compartilhamos uma profundidade de entendimento que poucas pessoas chegam a experimentar.

Compartilhamos um sobrenome. E compartilhamos uma banda.

E aqui está o que eu tenho a dizer.

UM

No começo, Deus criou o Van Halen com uma ajudinha do Ed e do Al. E as pessoas curtiram! Uma celebração da vida e de tudo o que significa ser humano. Agora que consegui sua atenção…

Seja qual for o ponto de partida da nossa história, ela começa com música – mesmo antes de nascermos. Nosso pai, Jan Van Halen, era um músico holandês que tocou por toda a Europa em orquestras e grupos de jazz. Quando a Segunda Guerra Mundial estourou, ele se alistou na força aérea holandesa e foi designado para a banda marcial. Tinha orgulho disso, com razão. Mas nunca falou sobre o que veio a seguir: em 1940, os alemães invadiram a Holanda e incorporaram à força todo o exército holandês. Se você recusasse, levava um tiro ali mesmo. Então, de uma hora para outra, meu pai se viu forçado a tocar música *oompah* alemã e canções de propaganda – basicamente, com uma arma apontada para a cabeça.

Quando a guerra terminou, nosso pai foi para a Indonésia para um trabalho temporário de seis semanas em uma estação de rádio na ilha de Java. Foi lá que conheceu nossa mãe, Ottie. Acabou ficando seis anos.

Mamãe – cujo nome verdadeiro era Eugenia – era uma jovem indonésia que cresceu com uma dúzia de irmãos e quase o mesmo número de empregadas, numa casa grande. Eram ricos, porque meu avô havia investido em ferrovias, mas casar-se com um homem branco era, via de regra, considerado uma ascensão.

É crucial ressaltar que nosso pai não era um homem branco qualquer. Primeiro, ele era músico – o que já não contava pontos. Depois, ele e os amigos bebiam muito – segundo strike. Ele andava de moto Norton, e da primeira vez que colocou nossa mãe na garupa, ela era tão pequena e leve que literalmente voou para longe. Papai era bonito e engraçado, e as mulheres o adoravam. Mamãe se casou com ele em 11 de agosto de 1950.

Isso foi apenas um ano depois de a Indonésia mandar seu colonizador, a Holanda, catar coquinho e dizer: "Ei! Somos homens e mulheres adultos e não precisamos mais de vocês aqui mandando na gente!" Consequentemente, holandeses brancos como meu pai não eram lá muito bem-vindos, e ele começou a ter dificuldades para conseguir trabalho. Pouco depois do casamento, minha mãe deixou sua terra natal para viver com meu pai.

MESMO QUE NOSSA HISTÓRIA comece com a infância na Holanda, a música continuará sendo o ponto de partida.

Lembro do *bum bum bum* dos bate-estacas – a trilha sonora de quando eu era pequeno. Na Holanda, vive-se tentando recuperar terras do mar, então aquele som percussivo era constante. Ainda o ouço em pensamento. Talvez por isso eu tenha me tornado baterista.

Quando nasci, em 8 de maio de 1953, e Ed chegou à festa vinte meses depois, nossa mãe estava decidida a nos tornar respeitáveis – em todas as formas que seu marido não era. Uma parte importante desse plano era a música clássica: por isso meu irmão fora batizado Edward *Lodewijk* Van Halen (Lodewijk é a versão holandesa de Ludwig, como em Beethoven, cujo sobrenome, aliás, era *van* Beethoven). Tínhamos um piano de parede Rippen, e minha mãe nos obrigava a fazer aulas. E – esse ponto era delicado – não podíamos sair de casa sem antes praticar.

Ed e eu éramos bons nisso. Ela tinha muito orgulho do nosso talento e era extremamente rigorosa quanto às expectativas. Seu sonho era que tivéssemos boa educação e empregos administrativos: ela esperava pianistas de concerto tocando no Carnegie Hall, não o Van Halen no Monsters of Rock.

"Meu pai era músico, mas não nos pressionava. Era minha mãe quem fazia isso", disse Ed certa vez a um jornalista. "Sabe o pai do filme *Shine*? Minha mãe era assim." *Shine* é um filme biográfico que acompanha a vida do pianista australiano David Helfgott. Nele, o pai de David, uma figura totalmente abusiva, o ensina a tocar piano, mas o repreende implacavelmente por qualquer deslize ou desobediência. Esse tratamento cruel leva Helfgott à loucura. É uma história bem pesada.

O piano Rippen está estacionado hoje no meu corredor. Vejo-o toda vez que saio da cozinha e penso na minha mãe – baixinha, mas firme. Havia um quartinho embaixo da escada do nosso apartamento na Holanda, e a ameaça era clara: se você se comportasse mal, ia para lá, para a solitária. Era escuro, fedia e me aterrorizava.

Papai tocava clarinete e saxofone, mas era capaz de tirar som de qualquer instrumento de sopro e passava a maior parte do tempo em turnê pelo norte da Europa. Sua banda, o Ton Wijkamp Quintet, foi a atração principal do Festival de Jazz de Loosdrecht, a versão holandesa do Jazz Fest de Nova Orleans. Existe até hoje.

Quando Ed e eu éramos pequenos, não tínhamos televisão. Vivíamos da nossa imaginação – e de brincadeiras que nos mantinham entretidos. Morávamos em Nijmegen, perto da fronteira com a Alemanha, cidade duramente bombardeada pelos Estados

Unidos durante a ocupação nazista. Papai costumava tocar para nós as gravações que fizera com a banda da força aérea holandesa no primeiro ano da guerra. Ed e eu marchávamos em volta da mesa ouvindo aquilo por horas. Desde cedo, percebemos o poder arrebatador da música.

MORÁVAMOS NUM APARTAMENTO de um bloco com seis prédios, e uma das irmãs da minha mãe vivia ao lado. Este era o nosso mundo: os apartamentos, a igreja, a escola. O resto não existia. O apartamento era sempre frio. Por um tempo, o único aquecimento vinha de uma pequena chaleira de água quente na cozinha. Uma vez, quando eu ainda era bebê, minha mãe me colocou no berço, bem ao lado dela, para me aquecer, e saiu para fazer alguma coisa. Quando voltou, eu estava roxo. A chama-piloto tinha apagado, e, basicamente, fui gaseado. Provavelmente perdi metade dos neurônios naquela manhã… e os venho procurando desde então.

Ed e eu fomos batizados e criados como católicos para agradar nossa mãe. Naquela época, nem se cogitava ir para o lado protestante da cidade. Nosso pai não ligava para religião organizada. Ele não gostava de falar da guerra, mas havia algo que sempre nos dizia: quando estava em Londres e as bombas começavam a cair, as pessoas não rezavam – corriam para o porão e faziam festa como se não houvesse amanhã. Isso nunca me saiu da cabeça. E diz muito sobre a forma como ele via o que é sagrado, o que realmente importa. "Duas coisas que meu pai sempre dizia: 'Só se vive uma vez' e 'Nada melhor do que uma vida bem vivida'", contou meu irmão.

Ele sabia como se divertir, como guiar o estouro. Agora que minha mãe se foi, posso admitir: meu pai era… digamos… um "romântico incorrigível". Ele tinha lábia com as mulheres. Por mais que eu tentasse – e Ed também –, não havia como ignorar o fato de que ele era um mulherengo.

Nossos pais eram do velho mundo, da velha guarda, e não nos davam moleza. Papai tinha um baú com seu uniforme da força aérea e uma submetralhadora com 25 pentes. Brincávamos com os dois. É uma das minhas primeiras lembranças: mexer naquela arma – eu devia ter cinco ou seis anos.

Na Holanda, os homens que conhecíamos faziam duas coisas: trabalhavam e bebiam. Outros músicos, ou os irmãos do meu pai com suas esposas, vinham ao nosso apartamento e a coisa ficava animada. Meu pai era gentil, carinhoso e de fala mansa – até beber. Aí, virava a alma da festa. Minha mãe, por outro lado, não bebia uma gota de álcool. Às vezes, quando ele chegava em casa depois de um dia – ou noite – de trabalho, precisava extravasar e tomava umas a mais, e ela implicava: por que ele não fazia isso ou aquilo, vestia um terno, se tornava um cidadão de bem? Era tudo o que ela queria.

Três das irmãs da minha mãe se mudaram para a Holanda, e havia sempre uma pequena competição sobre quem se casara melhor. Minha tia Deedee, do apartamento ao lado, se achava a boazona porque o marido era executivo da Coca-Cola e vivia trazendo garrafas para casa. Logo, meus primos estavam com os dentes podres de tanto refrigerante. (Não que fôssemos melhores: Ed e eu só fomos ao dentista aos 16 anos, porque nossos pais não tinham dinheiro. E meus dentes? Perfeitos. Troquei todos!)

Minhas primas não gostavam da gente, porque Ed e eu tivemos a sorte de nascer com talento – e elas não. Minha mãe nos fazia tocar sempre que surgia uma oportunidade, o que nos tornava o centro das atenções – e alvo de inveja – nos encontros de família. Honestamente, a última coisa que eu queria era proximidade com elas. Se era para flertar com garotas, que não fossem parentes. Tivemos um desentendimento com a família em algum momento. Além disso, uma noite meu pai chegou bêbado e empurrou o pai delas escada abaixo. Não as vimos mais depois disso.

Minha mãe tinha outra irmã que morava nos arredores de Los Angeles. Ela nos escrevia contando que lá era lindo – "igualzinho a Java", dizia. O clima era maravilhoso, e as laranjas custavam só um centavo. Minha mãe gostou da ideia. E, para ser honesto, eu também, afinal, detesto o frio – sempre detestei.

Não sei até que ponto isso pesou, mas minha mãe sentia que as pessoas nos olhavam torto na Holanda por ela ser indonésia. Ela queria ser respeitada, e isso não ia acontecer se todos achassem que ela não merecia respeito por ser estrangeira. Ela acreditava que teríamos uma vida melhor na Califórnia, uma chance de realizar o Sonho Americano. Uma "nação de imigrantes", onde, teoricamente, todos eram iguais, né?

E meu pai? Ele se adaptava. Topava tudo. Tinha sobrevivido à Segunda Guerra e visto os campos de concentração. Nada o abalava.

COMEÇANDO NOSSA HISTÓRIA em 1962, com a viagem de barco de duas semanas da Holanda para os Estados Unidos, você provavelmente adivinharia o que mais me marcou: a música.

Eu tinha oito anos, Ed tinha seis, e nosso pai conseguiu um "emprego" para nós. Éramos aquelas crianças esquisitas que tocavam piano e jantavam à mesa do capitão depois das apresentações – pagamento negociado pelo nosso pai. Minha atitude era de *assumir o comando* (eu era bem confiante quando criança... talvez até demais). Começamos na terceira classe, nas entranhas do navio, e dois dias depois já estávamos na primeira, sentados com o capitão, como se aquele fosse o nosso lugar. Era o nosso jeito de ser: sempre procurando uma oportunidade.

Havia uma menininha no navio, de cabelos escuros, bonitinha, e, cara... eu me apaixonei. É minha primeira lembrança de ter sido tomado por esse sentimento – você não sabe por quê, nem de onde vem, mas de repente está lá. Achei que teria duas semanas para convencê-la de que eu era o seu príncipe encantado. Aí ela desembarcou em Londres. Fiquei arrasado. Foi a maior decepção da viagem.

A outra coisa de que me lembro é o cheiro daquele navio – não era cheiro de peixe, nem de hotel ou casa. Era o característico *cheiro de navio*. É o único jeito de descrever. E vou carregá-lo comigo para o resto da vida. Duas semanas no meio do oceano é muito tempo para crianças.

Quando chegamos a Nova York, descobrimos que o nosso piano tinha sumido do porão de carga. Meu pai disse: "Vamos ficar por aqui. Podemos morar em Nova York." Mas minha mãe estava determinada: tínhamos um patrocinador e um lugar para ficar em Pasadena. E, além disso, as laranjas custavam um centavo. Ela era dos trópicos, e aquelas laranjas eram um chamariz e tanto.

Pegamos então um trem para atravessar o país. Chamava-se Dreamliner, e o vagão central tinha uma grande claraboia – "a Grande Cúpula" –, de onde podíamos ver as árvores e os prédios passando. Lembro-me do Ed dizendo: "Você perdeu os índios, cara!", quando acordei de um cochilo. Aparentemente, quando chegamos a Phoenix ou alguma cidade do Oeste, às 11h12, mandaram uns caras fantasiados com cocares subirem no trem (era outra época). Eu não conseguia acreditar que o Ed não tinha me acordado. Provavelmente fiquei puto com ele durante toda a travessia de Nevada.

Foi uma viagem de quatro dias, e o principal assunto por boa parte do tempo foi se deveríamos desembarcar em Chicago. Meu pai era a favor, mas minha mãe foi firme: "Não, não, não. Vamos para Los Angeles, porque é onde está minha família." Quando finalmente chegamos – ainda vestindo nossos pesados casacos de inverno da Holanda – fazia um calor infernal. E meu tio veio nos buscar num Ford conversível azul-bebê, modelo 1956. Ed e eu ficamos olhando para o carro, pensando: *Chegamos!* Não existem carros assim na Holanda. Nem um clima como esse. O norte da Europa é implacável e agressivamente cinzento. No sul da Califórnia, tudo reluzia pra caramba. Era espetacular, avassalador, como se tivéssemos chegado a outro universo. Como se a Dorothy tivesse acordado na Austrália em vez do Kansas, absorvendo o Technicolor. Pensei: *Isso que é vida. Vou ficar aqui pra sempre.* E fiquei.

Ed e eu ficamos hipnotizados. No começo, ficamos num triplex com meu tio, um bom pianista e um cara muito simpático, casado com a irmã mais "solta" da minha mãe. Toda família tem uma dessas. Só havia um banheiro para os três apartamentos e, na minha infinita sabedoria, pendurei uma placa dizendo "Interditado", achando que todos procurariam outro e eu o teria só para mim.

A cultura americana era alucinante e totalmente envolvente. Não dava pra acreditar naqueles desenhos animados! Na Holanda, nessa época, só se assistia à TV por uns vinte minutos, uma vez por semana. Parecia que o Gato Félix estava o tempo todo na TV em preto e branco na Califórnia. A gente não se cansava daquilo... O que foi ótimo, porque, enquanto todo mundo trabalhava – ou, no caso dos meus pais, procurava emprego –, Ed e eu ficávamos sozinhos assistindo aos desenhos. Eles saíam às sete da manhã dizendo: "Deixa a TV nesse canal e a gente se vê às quatro". Ok. Sem problemas.

Por um tempo, minha mãe conseguiu trabalho como empregada doméstica, e meu pai fazia turnos como zelador. Não era exatamente o Sonho Americano. Depois, papai começou a trabalhar numa oficina mecânica, emprego arranjado por um primo nosso. Infelizmente, ele foi preso apenas duas semanas depois de chegarmos à Califórnia.

Trabalhava no turno da tarde, das quatro da tarde às duas da manhã, e estava de carona com alguns colegas quando foram parados por uma lanterna traseira quebrada. Meu pai costumava enrolar os próprios cigarros, e estava fazendo isso quando o policial apareceu na janela. O agente viu o papel de seda e o fumo no colo dele e perguntou se era maconha. Como papai não falava inglês, apenas assentiu. E, lógico, o prenderam.

No começo, nem sabíamos onde ele estava. E mesmo depois de descobrirmos que estava preso, não entendemos que alguém precisava pagar a fiança. Não era assim que funcionava na Holanda, onde conhecíamos o sistema. Lá, meu pai já tinha sido preso algumas vezes por embriaguez e conduta desordeira.

Mas fiança? Ninguém na família nos explicou. (Detalhe: minha mãe havia se casado com um homem branco.) Depois de quinze dias, finalmente fomos buscá-lo. Se minha mãe estava chateada com a irmã por não nos ter explicado, ela escondeu bem. O fato é que foi o apoio da minha tia que nos trouxe para a Califórnia, e ela tinha dois filhos mais ou menos da nossa idade. Mas Ed e eu nunca nos demos muito bem com eles e, depois de um mês ou dois, cada um seguiu seu rumo.

SE VOCÊ COMEÇAR NOSSA HISTÓRIA quando Ed e eu éramos duas crianças holandesas que não falavam uma palavra de inglês e tivemos que encontrar um jeito de nos encaixar na escola primária em Pasadena, nosso novo lar, vai entender que fizemos isso por meio da música.

Uma das primeiras coisas de que me lembro na nova escola, a Escola Fundamental McKinley, é que todas as crianças negras –

talvez umas trinta – estavam na mesma turma. Eu não entendia o porquê, mas também não perguntei. Nessa idade, você simplesmente aceita as coisas como são. Além disso, tínhamos acabado de chegar a um novo país; eu não sabia quais eram as regras ali. Bem, as regras em Pasadena no início dos anos 1960 ainda eram de segregação de fato.

Essa chegada a uma realidade estranha e desconhecida fortaleceu ainda mais o vínculo entre mim e Ed. "Éramos dois párias que não falavam a língua e não sabiam o que estava acontecendo", disse Ed. "Então nos tornamos melhores amigos e aprendemos a nos unir." A cumplicidade entre nós era inquebrável. Mas não fomos párias por muito tempo.

Por sorte, as escolas na Europa eram mais avançadas do que as dos Estados Unidos, então começamos com uma vantagem acadêmica. (E eu exagerei, sabíamos ao menos *uma* palavra em inglês: *accident*. Era a primeira do livrinho "como aprender inglês", em ordem alfabética, que minha mãe trouxe no navio.) Outra coisa que jogava a nosso favor: Ed e eu éramos atléticos. Beisebol, basquete – como você pode imaginar, Ed tinha uma coordenação motora impressionante; ninguém se comparava a ele nisso. Mas ele também era veloz, se destacava nas corridas. Seu melhor desempenho era na corrida de 50 metros rasos, um tiro curto. Eu era o corredor de maratonas, o cara da longa distância. (Bem representativo de nossas personalidades: eu sou o rock, ele é o roll. Ed nunca conseguia ficar parado. Sempre devorava o café da manhã como se estivesse atrasado. *Pra quê a pressa? O dia está só começando! Não vamos gastar toda a nossa energia antes de sair de casa!*) Com o tempo, nos tornamos "capitães de equipe", o que basicamente significava que podíamos usar uma bandana vermelha na cintura e dar ordens para os outros. Mas isso veio depois. Quando chegamos aos Estados Unidos, a música nos ajudou a construir uma vida social.

Depois que nossos pais conseguiram uma casa própria, Ed e eu fizemos amizade com dois irmãos que moravam no mesmo quarteirão: Brian e Kevin. Por onde passávamos, fazíamos amizade com irmãos: Greg e David; Ross e Bill; Brian e Kevin. Sempre em duplas. Ed ficava amigo do mais novo, e eu do mais velho. Brian e Kevin não entendiam nada de música, mas tinham uma guitarra Emenee de plástico, o que para nós já era um espetáculo. Tocávamos bateria em potes vazios de sorvete Baskin-Robbins e usávamos uma caixa de sapato com um rolo de papel-toalha preso com fita adesiva como se fosse uma guitarra. Ter um brinquedo de verdade já era um salto gigantesco. E o melhor: Brian e Kevin tinham um irmão mais velho com uma bateria de verdade, que às vezes conseguíamos pegar emprestada.

É isso o que me vem à cabeça quando penso nos nossos primeiros dias em Pasadena. Ed via aquilo tudo de forma um pouco diferente. "Assustador era pouco", disse certa vez a um jornalista. "Tínhamos que ir para a escola, e o Al e eu não sabíamos absolutamente nada." (Como eu disse, Ed era mais sensível que eu.) "Nossa luta para sobreviver na América nos fortaleceu, porque era preciso ser forte."

Meu pai começou a tocar com um grupo de holandeses que conheceu na região. (É engraçado como somos: mudamos para o outro lado do mundo só para nos cercar de gente do mesmo lugar.) Todos eram músicos excelentes, profissionais de verdade individualmente – mas juntos, como banda, eram *excepcionais*. Mesmo assim, tinham dificuldade para encontrar trabalho e acabavam tocando no clube holandês local. Não que fosse vergonhoso, mas estava muito aquém da capacidade deles.

Nossa mãe nos forçou a aprender piano, mas foi nosso pai quem nos ensinou sobre musicalidade, com seu exemplo. Lembro-me de sentar na sala e observá-lo fazer suas próprias palhetas: raspava-as com uma plaina, alisava com lixa, até alcançar o timbre, o encaixe e a pegada perfeitos para o bocal. Depois, ficava ali, por uma hora, tocando a mesma nota até acertar exatamente o som. Instrumentos de sopro são afetados por umidade, temperatura e vários outros fatores. A maioria dos clarinetistas tem um som cristalino, mas nosso pai tinha um som amadeirado – mais rico e terroso. Isso não era acidente. (Mais tarde, isso influenciaria o que Ed e eu chamávamos de "*brown sound*".) Meu pai ficava completamente absorto. Seu mundo inteiro se tornava aquela palheta na boca.

Com isso, aprendi: *foque no que está fazendo*, mesmo que pareça insignificante, tudo afeta seu som. E, como músico, seu som é sua identidade. Isso nos foi ensinado, ainda que indiretamente, desde cedo: quando você toca, precisa soar como *você*. Porque essa é a sua voz.

Por três anos consecutivos, Ed e eu ganhamos o primeiro lugar em nossas respectivas categorias no concurso de piano clássico do Long Beach City College, superando milhares de concorrentes mirins. "Sempre há uma diferença entre alguém que sente a música e alguém que não sente. A diferença está na emoção expressa na execução", disse Ed. "Já ouvi Debussy tocado por dois pianistas diferentes, e foi como da noite para o dia." Claro que isso tudo deixava nossa mãe radiante. Nosso professor era um homem brilhante, que estudou no Conservatório Imperial de São Petersburgo, na Rússia, e usava uma régua para bater em nossas mãos quando errávamos. "O engraçado é que eu nunca aprendi a ler partituras, enganei o professor", contou Ed. "Tinha bom ouvido e observava os dedos dele, imitando o que fazia. Ele só descobriu anos depois, quando me pediu para virar a página da partitura. Isso foi após *cinco anos* de aulas. Ele não ficou muito feliz com a descoberta."

O problema era que o piano clássico não era a voz do Ed. Nem a minha. "Tivemos que aprender piano porque era o instrumento 'respeitável'", como disse Ed. "Era o sonho da nossa mãe." Mas não era o nosso. A última coisa que queríamos era soar respeitáveis. "Quando chegamos aos EUA, ouvi Jimi Hendrix e Cream e pensei: 'Esqueça o piano. Quero ficar em pé e pirar!'"

Ironicamente, os dois maiores sucessos do Van Halen foram músicas de teclado: "Jump" e "Right Now". A gente tenta fugir, e no fim, escuta a mãe! Ela nos fez sentir culpados por anos, mas Ed e eu nos afastamos do velho Rippen vertical – um piano que chegou *destruído* a Pasadena e teve que ser totalmente remontado. Era a peça central da nossa casa de 74 metros quadrados.

Era uma casa apertada. Lembro de cada centímetro: na sala, ficavam o piano, a TV, depois minha bateria, os amplificadores do Ed. Mais tarde, um órgão enorme com caixa de ritmos, que minha mãe tocava – especialmente em feriados, acompanhada pelo meu pai no saxofone. Depois vinha a cozinha e, em seguida, o "quarto" do Ed, que era só um hall de entrada para a porta dos fundos. Zero privacidade. Para entrar ou sair de casa, era preciso passar por ali. A porta ao lado era o quarto dos nossos pais e, um pouco mais adiante, ficava o meu espaço: um anexo de compensado tão fino que parecia papelão, dava para enfiar o pé nele sem esforço. Era construído sobre uma laje de concreto, sem aquecimento. Nada. Tanto o quarto do Ed quanto o meu tinham suas desvantagens. Mas, como eu era o mais velho, escolhi o meu primeiro: queria estar longe o suficiente para ter um momento só meu.

Meu pai ensaiava com a banda em casa, e eu pegava os instrumentos nos intervalos. Aprendi a tocar saxofone assim. O baterista deles era um cara chamado Max – típico baterista, com brilho nos olhos e sempre uma dose de ironia. Acho que ele notou que eu curtia o que ele fazia. Me deu minha primeira caixa e me ensinou o básico. Um dia, ele me mostrou uma técnica chamada *pannenkoeken*, que significa "panquecas" em holandês – um rulo duplo. Eu o observava. Ele entrava nesse rulo vibrante, e era *fascinante*. "Como você foi da *pannenkoeken* para *isso*?", perguntei.

"Prática", respondeu ele.

Fiquei impressionado com a *vibe* dele. Ele me ensinou que a bateria é a pulsação da música. Essencial! Mantivemos contato até cerca de três anos atrás, quando ele faleceu.

Às vezes, meu pai nos levava aos shows dele. Foi minha introdução ao ambiente de uma boate escura – muito sexy e sedutor. As mulheres com perfume marcante, dançando... Não era nenhum mistério o que foram fazer ali. Até uma criança sacava. A música era o pano de fundo para o romance da noite. E isso me atraiu desde cedo. Aos onze anos, tive meu primeiro encontro erótico – com uma mulher mais velha, nos bastidores. (Lembre-se: quando você tem onze, todo mundo parece mais velho.) Era uma confusão danada, muita agitação, e simplesmente aconteceu. Foi há mais de sessenta anos, então me lembro pouco... É mais como uma lembrança vaga de uma consulta médica. Uma bem agradável.

Meu pai dizia que, como músico, você podia fazer música com qualquer coisa, até com uma cadeira. É sobre transmitir um sentimento. "Foi minha mãe quem realmente deu a ordem e queria que nos tornássemos músicos *de verdade*; ela não queria que passássemos aperto tocando em boates como nosso pai", disse Ed certa vez aos jornalistas especializados em guitarra Brad Tolinski e Chris Gill. Minha mãe nos colocou nas aulas de violino quando eu estava na quarta série e o Ed na segunda, o que acabou virando motivo de briga: garotos que andavam por aí com pequenos estojos de violino eram, na prática, alvos ambulantes (mas nós revidávamos). Ed e eu tocamos violino por cerca de cinco anos e, lá pelas tantas, entramos para a All City Orchestra, que reunia jovens músicos de elite de Pasadena. Isso significava pegar um ônibus todos os dias depois da escola para ensaiar – a primeira de muitas viagens de ônibus que ainda viriam.

Para nós, era natural aprender a tocar qualquer instrumento que estivesse dando sopa. "Se você tem destreza suficiente nos dedos para tocar teclado e bateria, pode tocar qualquer coisa", como disse meu irmão. Acabamos nos tornando fluentes em vários instrumentos. Depois que desisti do piano e do violino, minha mãe me convenceu a fazer aulas de violão clássico. Toquei saxofone no primeiro show que Ed e eu fizemos nos Estados Unidos. Decidimos que Ed ficaria no piano, Brian ou Kevin tocaria a bateria emprestada do irmão mais velho, e um outro garoto, Don Ferris, tocaria o segundo saxofone. Era para a nossa formatura do ensino fundamental.

Agora, uma vez que você se compromete a tocar em um evento, não se apresenta em outro lugar da região por um certo período antes do show – ou corre o risco de perder o impacto, certo? Fica superexposto. Mas, depois de nos inscrevermos para tocar na formatura, pensei: *Talvez seja bom fazer algumas apresentações de aquecimento.* Então marcamos outro show e – inacreditável – a escola descobriu e veio nos repreender: "O que vocês estão fazendo? Não podem tocar em outro lugar, estão tirando o mérito da escola!"

Eles levaram aquilo muito a sério. Na verdade, fiquei até impressionado com o profissionalismo. Me senti lisonjeado! Mas ainda assim fizemos ambos os shows; consegui convencê-los. Porque não estávamos prontos. A diferença entre tocar em casa e tocar para toda a escola não é algo que se supera da noite para o dia. Precisávamos daquele show de teste. Quando subimos ao palco da formatura, estávamos confiantes... Para começo de conversa, ter uma bateria ali nos fazia parecer uma banda de verdade. Meu pai sempre dizia: as pessoas não vão apenas para ouvir a banda, elas vão para *ver* a banda. Acho que curtiram nos assistir, porque, depois disso, de repente nos tornamos os garotos mais populares da escola.

Todos usávamos o cabelo desgrenhado como os Beatles, então batizamos a banda de Broken Combs.* (Não é um nome tão ruim, embora os títulos das músicas fossem sofríveis; em especial "Boogie Booger",** inesquecível.) Você precisa entender que, na nossa cabeça, já éramos bem-sucedidos – não havia outro caminho.

Lembro quando fomos com meu pai ao Local 47, o sindicato dos músicos, eu com uns dez anos e Ed com oito, e vimos todos aqueles caras extremamente talentosos sendo tratados como lixo. Todos usavam ternos surrados e mal ajustados, com os fundilhos brilhando de tanto ficarem sentados (como éramos baixinhos, nossos olhos ficavam bem na altura da bunda deles, então tivemos tempo de sobra para observar). Lembro do cheiro de cigarro velho. E de olhar para o Ed e dizer: "*Nunca* que vamos acabar assim. Isso é uma babaquice sem tamanho." Aprendemos a mirar mais alto, mesmo que desse errado. Que se dane: íamos tentar até o fim.

Alguns anos depois, aos treze, fiz meu primeiro show profissional. Era véspera de Ano-Novo, uma grande noite para uma banda como a do meu pai, e o baterista deles, Max, tinha outro compromisso mais bem-pago. Quando surgiu uma oferta de última hora para tocar no Continental, um clube localizado no ponto de ônibus Continental, na Cahuenga Boulevard, meu pai disse: "Você vai junto".

---

* (N. T.) Pentes Quebrados.

** (N. T.) "Meleca Dançante".

Ele me falou: "Mantenha a cabeça baixa e ninguém vai notar que você é criança". Foi a primeira vez que estive sob aqueles holofotes ofuscantes. Eu tremia de nervoso atrás da bateria quando começamos a tocar. Pensava: *Não vou conseguir. Isso não está certo*. Coisas desse tipo. *Como posso fazer melhor?* Isso era o mais importante.

Sinceramente? Eu estava me cagando de medo. E se eu errasse? E se eu o envergonhasse? A *ideia* de decepcioná-lo naquele contexto embrulhava meu estômago. Esse era o espírito do Van Halen: Você é profissional? Consegue fazer o que precisa sob pressão? Pode sustentar sua família? Podem confiar em você? Dá conta de improvisar?

E o mais importante: É capaz de fazer tudo isso *swingando*?

Nosso pai não precisava verbalizar o quanto reverenciava a música. Ele demonstrava isso em seu modo de vida. Tinha discos de todos os compositores possíveis e livros sobre todos eles – conhecia suas histórias. E isso moldou a nossa visão de mundo. Quando Ed e eu estávamos na sexta série, já conhecíamos todos esses nomes e tocávamos suas músicas, com variados graus de sucesso. "Mas você sabe o que *não* fazer?", era o que meu pai costumava dizer. Queria dizer que não bastava saber tocar. A outra metade era saber o que *não* fazer – e jamais mostrar isso aos outros!

Aquilo que te empolga na infância tende a te acompanhar pela vida. Eu ouvia Louie Bellson, Hal Blaine – este último não é muito conhecido do grande público, mas é um dos bateristas mais influentes de todos os tempos. Era do Wrecking Crew e, na boa, ele era o cara. Ele sabia que o importante não é o quão rápido você toca ou quantos *paradiddles** você encaixa. A mágica está nos espaços entre as batidas, nos silêncios. É ali que a música acontece.

* (N. T.) Rudimento fundamental na bateria, consistindo em uma sequência de toques simples e duplos com as baquetas.

Nunca duvidei de que tocaria em uma banda. E nunca duvidei de que seria com meu irmão. Mas não sabíamos o tipo de música que faríamos até que a Invasão Britânica deixasse isso claro. "Nos mudamos para os Estados Unidos, vimos *A Hard Day's Night* [*Os Reis do Iê, Iê, Iê*] e parei de tocar piano", contou Ed. Queríamos rock 'n' roll como nossos ídolos: os Beatles e o Dave Clark Five. (Você talvez nunca tenha ouvido falar dessa segunda banda, mas na época eles estavam pau a pau com os Beatles. Músicas como "Glad All Over" eram sensacionais. A gente era viciado naquele saxofone sujo e, como já tocávamos sax, conseguíamos imitar o som deles.)

A gente se empolgou com a energia e a rebeldia do rock. A magnitude do rock nos arrebatou por completo. Nos deu esperança. O clima da época era tenso, não tínhamos uma perspectiva das mais otimistas para o futuro. A Crise dos Mísseis de Cuba aconteceu meses depois de atracarmos em Nova York! Achávamos que íamos ser bombardeados a qualquer momento. O rock 'n' roll fazia você querer dançar, gritar, rodopiar. Fazia você se sentir *melhor* – depois de ver uma banda, o que realmente fica na memória das pessoas não é o que foi tocado e sim como elas se sentiram.

A gente não conseguia tocar o tipo de música que agora amava no piano ou no violino. "Queríamos rock 'n' roll", disse Ed, durante um evento – ao qual estive, sentado na fileira da frente – no Smithsonian, em Washington, D.C., depois que sua guitarra foi incorporada ao acervo do museu. "Larguei o piano porque me sentia preso. Não me permitiam tocar o que me interessava, o que tirava toda a graça. Acabei me rebelando e comprando uma bateria." Ed comprou uma bateria St. George por 125 dólares. Eu queria uma guitarra Teisco Del Rey, que custava quase o mesmo. Começamos a entregar jornais para juntar o dinheiro – nosso pai nos levava de carro se estivesse chovendo. Como uma típica família de imigrantes unida, fazíamos tudo juntos. E nunca paramos de trabalhar.

Por um tempo, Ed e eu íamos de porta em porta com uma lata de spray e um estêncil, oferecendo-nos para repintar os números das casas nas calçadas por uma quantia modesta. "Meus pais sempre pegavam no nosso pé: 'Arrumem um emprego, tenham algo pra contar!' Foi aí que o Al teve uma sacada genial: 'Bora de macacão azul'. Seguimos então para San Marino, um bairro rico em South Pasadena. O Alex batia nas portas, dizendo: 'Oi, sou do Departamento de Sei-Lá-O-Quê de San Marino'. Enquanto isso, eu ficava no carro colando o número da casa pra pintar. O Al cobrava três pratas, e era assim que a gente fazia nossa grana."

No fim, com um pouco de economia e um empréstimo do nosso pai, Ed comprou sua bateria e eu minha guitarra. A ideia era montar uma banda – nenhum de nós era muito apegado a um instrumento específico, ainda. Ed não se importava que eu tocasse sua bateria, e eu deixava ele dedilhar minha Teisco numa boa. "A única razão pela qual parei de tocar bateria foi porque meu irmão ficou melhor que eu, então pensei: 'Foda-se, eu fico com a guitarra!'", disse Ed a um jornalista.

As primeiras músicas que aprendemos foram os clássicos do surf rock "Pipeline", dos Ventures, e "Wipeout", dos Surfaris, esse tipo de coisa. (Morávamos no sul da Califórnia, o que você esperava?) Ouvíamos discos do Cream em 16 rpm em vez de 33, então tudo soava superlento e a gente conseguia identificar as notas para tocar junto. "Minha mãe sempre detestou o que chamava de 'choro de criança' – os solos, no caso", relembrou Ed. "Vivia me perguntando: 'Por que você precisa fazer esse choro de criança?'" Mas, sabe, ela estava certa. Desde o começo, Ed usava a guitarra para despejar seus sentimentos mais profundos, era como se chorasse por meio dela. Se nossa mãe não gostava do som daquele lamento... Bem, a culpa era dela? É difícil escutar seu filho sofrer.

Quando vimos o filme sobre Woodstock, lembro de duas coisas. Primeiro: cadê o Led Zeppelin?! *Que porra é essa?* Segundo: eu curtia o solo de bateria do Michael Shrieve, quando o Santana se apresentou. Tanto Ed quanto eu ficamos frustrados porque nossos olhos tinham que seguir a câmera – não dava para ver o que realmente interessava. "Eles focavam demais nos closes, a gente nunca via o todo", como Ed reclamou a Brad Tolinski e Chris Gill, que costumavam entrevistá-lo o tempo todo. Aquilo nos fez pensar na importância da imagem e de capturar a atenção do cinegrafista se quiséssemos moldar a experiência das pessoas. Percebemos naquele momento como isso era importante para um músico – não dava para negligenciar esse aspecto.

Ed adorava "I'm Going Home", do Alvin Lee, com seu solo de guitarra matador. Um dia, Ed estava brincando com a minha guitarra e, do nada, mandou aquele solo *nota por nota*. Foi incrível. A gente ficou de queixo caído. Ninguém conseguia fazer aquilo, pelo menos ninguém que a gente conhecia. Naquele momento, ficou claro: Ed era um virtuose da guitarra.

Pensei: *Foda. Toma, Ed. A guitarra é sua.*

DOIS

Quando éramos pequenos, tínhamos uma arminha de brinquedo. Um dia, o Ed e eu brigamos para ver quem ia brincar com ela. Meu pai chegou, pegou-a e a partiu ao meio. Disse: "Pronto. Agora cada um fica com um pedaço."

Aquilo me feriu profundamente. Mas me ensinou algo: 100% de nada é nada. Meu pai, o Rei Salomão de Pasadena, era extraordinário na forma como nos educava. Eram só pequenas lições, aqui e ali, e, depois de alguns anos, você se dava conta: *Ah, então era* isso *que ele queria dizer.* E a lição mais importante que ele nos ensinou – com aquela arminha e de centenas de outras maneiras – foi a *união*.

Então, quando ficou claro que Ed tinha o dom que tinha, pensei: *É isso que vai nos colocar no caminho certo!* O talento dele era uma vantagem, não só para ele ou para mim, mas para a nossa banda – algo maior do que nós, o veículo dos nossos sonhos. Claro, a banda ainda era mais sonho do que realidade naquele momento, mas, se Ed conseguia tocar guitarra daquele jeito, tínhamos algo que ninguém mais teria. Eu comecei a tocar guitarra antes e não tinha aquilo. *Era algo dele.* Era assim que eu me sentia: *Apenas toque, Ed, o resto a gente vê depois.*

"Tudo que me lembro é de eu saindo para entregar jornal e ele tocando minha bateria", disse Ed no Smithsonian, apontando para mim, sentado na primeira fila com seu filho, Wolfgang. "Ver o Al na bateria... ele não estava apenas marcando o tempo, ele fazia música. Era muito natural para ele, assim como ele provavelmente vai dizer que a guitarra era natural para mim – e nós dois estamos certos." Acabamos nos instrumentos certos. "Foi o destino", definiu Ed.

ESTOU SÓBRIO HÁ DÉCADAS, mas, se não me engano, parte do fascínio do vinho é que você está bebendo algo vivo – o suco fermentado de uma uva – que está a caminho da morte: a certa altura, a bebida para de envelhecer perfeitamente e começa a se deteriorar. De certa forma, você está bebendo o ciclo da vida. E aquele leve gosto de decomposição pode ser fascinante. Do mesmo modo, parte do que tornava Ed tão grandioso não era apenas a forma como ele fazia uma nota soar viva. A magia também estava na maneira como os sons desapareciam, morriam. Da próxima vez que o ouvir, preste atenção: os sons que saem são tão interessantes quanto os que chegam. Pode parecer exagero, mas, sinceramente, acho que Ed conseguia transmitir verdades profundas sobre o universo por meio da sua música.

"Quando descobri a guitarra, me recusei a ter aulas", disse Ed. "Foi a minha verdadeira libertação emocional, e eu não queria que me ensinassem a tocar." Não era como no piano, onde o professor russo batia nos nós dos seus dedos com uma régua se Ed cometesse algum "pecado". Na guitarra, ele era livre para experimentar. Ed segurava a palheta de maneira diferente da tradicional – entre o dedo médio e o polegar... o que funcionava muito bem, para dizer o mínimo. Nossa mãe que dissesse ao prodígio que sabia mais que ele. "Minha mãe diz: 'Você está fazendo errado'", contou Ed. "E eu respondo: 'Espera aí: se chama *teoria* musical, não fato musical. Então não me diga que estou fazendo errado.'"

Uma das coisas que Ed mais amava na guitarra era o controle. De repente, ele podia se expressar de forma mais sutil, porque agora estava no comando das cordas. "Com a guitarra, você pode fazer *bends* ou usar vibrato para alcançar todas aquelas notas microtonais, aquelas nuances que se escondem nas frestas do piano", explicou Ed. "O piano tem cordas, mas você não está realmente tocando-as. Tem um intermediário entre você e elas." Com a guitarra, Ed tinha uma conexão direta com o som – e tirou o máximo disso.

As cordas não eram o suficiente, claro. No fim das contas, ele queria mexer no instrumento inteiro. Depois de alguns anos com minha Teisco, ele trocou para uma Univox Custom semiacústica de 12 cordas, naquele acabamento *sunburst* vermelho e preto. Como queria uma de 6 cordas, removeu todas as cordas da oitava superior. "Foi minha primeira tentativa bem-sucedida de modificar uma guitarra para atender ao que eu queria", contou. Virou estilo de vida.

Lá pelas tantas, Ed levou a Univox a uma loja chamada Music for Everyone, em Sierra Madre, e usou o crédito para comprar uma Gibson Les Paul Standard Goldtop. Naturalmente, também a modificou. Não gostou do captador single-coil, então pegou um cinzel e o removeu. Em seguida, colocou um captador humbucker na ponte, removeu o acabamento dourado e pintou a guitarra de preto. "Desde o começo, tudo que eu comprava em lojas de instrumentos – mesmo coisas caras – não fazia o que eu queria", explicou Ed.

Ele só gostava do som do amplificador no volume máximo – sabe aquela piada do *Isto é Spinal Tap*, "Este vai até onze"? Ed queria um que fosse até doze. Tentou ajustar a voltagem com um *dimmer*, mas acabou desligando a energia da casa.

Experimentou de tudo – acolchoar o amplificador, virá-lo para a parede –, tentando alcançar os timbres que desejava sem deixar todo mundo surdo. No fim, descobriu que podia usar uma fonte de alimentação variável Variac* com tensão abaixo de 110 volts para sobrecarregar as válvulas e obter os sons desejados em volume mais baixo. Foi uma solução. "Aqueles amplificadores viviam pifando em todos os shows, e você tinha que trocar as válvulas o tempo todo, mas funcionava", disse ele. Dave chamava todas as criações de Ed de "Dennis, o Pimentinha, ataca novamente" – e tinha um pouco disso. Às vezes, ficávamos furiosos: *Meu Deus, Ed, para de brincar e começa logo a tocar!*

Mas é preciso entender: onde crescemos, modificar algo caro para atender aos seus próprios caprichos não era estranho. Estávamos cercados pela cultura *hot rod* – as pessoas turbinavam carros com peças de sucata e os personalizavam com faixas de corrida, calotas chamativas etc. Amávamos carros, mas a música era a nossa vida. Ed não ia perder tempo e dinheiro num carro qualquer. Toda sua engenhosidade e criatividade foram para os instrumentos, tentando deixá-los um pouco mais próximos da sua fantasia.

O som que ele buscava estava sempre fora de alcance. Ed dedicou uma vida inteira a persegui-lo.

NATURALMENTE, FICAMOS AMIGOS DE OUTROS garotos que também eram obcecados por música – e alguns deles se tornaram figuras muito importantes em nossas vidas. Havia Dan Scruggs, que nos apresentou ao blues e a Eric Clapton, quando eu tinha por volta de treze anos. Tocávamos com ele e com outro garoto, Denis Travis, e chamávamos nossa banda de Trojan Rubber

* (N. T.) Aparelho que permite ajustar a tensão elétrica fornecida a equipamentos, usado por músicos para manipular o som dos amplificadores.

Company.* (Elegante, eu sei.) O pai de Denis era pregador e radicalmente antidrogas, mas querer é poder: antes de tocar na casa dele, fazíamos o que chamávamos de "chá nuclear". Pegávamos todos os saquinhos de chá que encontrássemos e deixávamos em infusão por horas a fio, até que a bebida ficasse quase preta – e, cara, dava uma onda sinistra quando a gente virava aquilo.

Parece ridículo agora, mas, na época, não parecia. Sinceramente, ainda respeito o impulso. Você faz o que for necessário para criar uma versão aprimorada de si mesmo – mais profunda, mais articulada, mais criativa. Todo artista, visual ou musical, tem esse desejo insaciável de atingir um tom universal... sempre inatingível, a um passo de distância. E é isso que te mantém em movimento. Se você acredita que a xícara de chá mais forte do mundo vai te colocar no estado necessário para ser mais inventivo e produtivo, então vá em frente e ponha a chaleira no fogo. Tim-tim!

Os seres humanos sempre buscaram a transcendência. Diferentes culturas perseguiram-na de maneiras distintas – por meio de tambores ou danças, do peiote** ou da dor autoinfligida. Kafka (e muitos monges budistas antes e depois dele) acreditava que você podia alcançá-la apenas sintonizando o zumbido do universo. "Não precisas sair de teu quarto. Permanece sentado à tua mesa e escuta", escreveu ele. "Não, nem mesmo escutes, simplesmente espera. Não, nem mesmo esperes. Fica imóvel e solitário. O mundo simplesmente se oferecerá a ti, para ser desmascarado. Ele não tem escolha, e acabará rolando em êxtase a teus pés." Cada civili-

* (N. T.) O nome da banda pode ser uma referência irônica a preservativos da marca Trojan (comum nos EUA), e "rubber" ("camisinha") acentua essa ambiguidade.

** (N. T.) Cacto alucinógeno usado em rituais religiosos por povos indígenas da América do Norte, especialmente entre comunidades nativas mexicanas e estadunidenses.

zação tem seu próprio jeito, mas o desejo de transcender é parte da experiência humana.

Começamos a tocar "profissionalmente" quando nosso pai nos arrastava para seus shows. Foi assim que aprendemos como tudo funcionava. Ele me disse desde cedo: "Faça cada show como se fosse o último, mas com a consciência de que você provavelmente tocará para sempre." Ou seja: dê tudo de si. E repita tudo de novo no dia seguinte. Foi isso que ele nos ensinou – e foi assim que ele viveu.

Se houvesse qualquer oportunidade de tocarmos algo, ele nos incluía. Nunca foi um esforço planejado ou metódico – era assim que funcionava: éramos uma equipe e estávamos sempre trabalhando, sempre correndo atrás. Lembro de uma noite em que Ed e eu estávamos tocando e vi meu pai organizando a plateia e passando um chapéu. No fim do show, perguntei:

– Então, quanto arrecadamos?

Ele respondeu:

– Dezessete dólares. Aqui estão cinco para você e cinco para o Ed.

– Espera aí… cinco mais cinco são dez – eu disse. – E os outros sete?

– Bem-vindo ao mundo da música – respondeu ele.

Nunca esqueci disso. Ele poderia ter me explicado aquilo mil vezes e eu continuaria sem entender. Mas vivendo, entendi: *É assim que a coisa funciona.* Você aprende muito melhor vivenciando do que apenas ouvindo. Foi uma sorte imensa, para mim e para Ed, termos passado por uma formação prática na vida de músico antes mesmo de nos tornarmos músicos profissionais.

Aquilo estava definitivamente começando a se infiltrar na minha identidade – ser músico e, mais especificamente, baterista. Os frequentadores nos clubes onde meu pai tocava eram, em sua maioria, apenas pessoas comuns que gostavam de dança de salão. Mas havia também alguns semiprofissionais – e, ao observá-los, você aprendia a hora certa de dar um toque especial como baterista. Aquele empurrãozinho, entende?

Conforme fui tocando cada vez mais com meu pai, algumas pessoas vinham e diziam: "Nunca tivemos um baterista que nos fizesse dançar assim". Não sei se era verdade, mas me lembro perfeitamente de ouvir esse elogio – e de pensar logo em seguida: *Ah, não... agora vou ter que fazer isso todas as noites.*

Às vezes, meu pai conseguia uns shows mais "sofisticados", para golfistas ou eventos do tipo. Lembro de um que foi num lugar chamado La Mirada Country Club. Ele disse: "Traga sua bateria e, Ed, leve a guitarra e o amplificador". Nossa mãe também foi. Chegamos lá e tudo parecia assustadoramente profissional. Não era mais uma garagem – de repente, estávamos tocando em um palco *de verdade*, sabe? Ficamos um pouco nervosos.

O jantar foi bife com batata assada. Bom, a gente nunca tinha visto isso antes, não comíamos carne daquele jeito. Em casa, a carne era fervida e cozida até desmanchar. Sentamos lá, lutando para serrar o bife em pedaços, até que um de nós perdeu a paciência. Nossa mãe colocou os bifes na bolsa e os levamos para casa, para cozinhar do nosso jeito.

Ed provavelmente se sentia um pouco deslocado tocando com a banda do nosso pai, porque as partes de guitarra eram muito mais difíceis que as de bateria. Para mim, era simples: se você conseguisse dar swing, conseguiria manter o ritmo. Não importava qual fosse a música, os músicos ou qualquer outra coisa. Mantenha o tempo e faça a banda suingar. (Meu pai costumava dizer: "Se alguém perguntar o que é swing, é porque nunca vai entender." Não dá pra definir, mas você sabe quando sente.) Não que bateria seja um instrumento mais fácil de tocar. Mas há menos coisas para lembrar. Para um guitarrista, em alguns daqueles standards antigos, era preciso até uma tabela para acompanhar onde todos os acordes estavam, só para conseguir passar a noite.

E, quando você estava tocando o seu melhor, às vezes começava a *pensar* demais – e aí perdia completamente o ritmo. Então, o que fizemos para lidar com isso?

Bebemos.

TRÊS

Ah, my teachers all gave up on me
No matter what they say, I disagree
And when I need something to soothe my soul
I listen to too much rock 'n' roll*

— Van Halen, "Fools"

Tomei minha primeira bebida aos seis anos – *schnapps*; quem me deu foi meu pai. Ele não me ofereceu uma chupeta; para me acalmar, deu-me um cachimbo de tabaco. É preciso entender: na Holanda do pós-guerra, todos fumavam e bebiam. No norte da Europa, o álcool está presente nas cerimônias, na igreja, nas refeições. Você precisa beber para aguentar o inverno, e esse inverno dura para sempre.

As pessoas costumam dizer: "Tomo só um ou dois". Mas um ou dois nunca bastaram para mim. Dê-me dez.

Desde cedo percebi o efeito que o álcool tinha sobre mim – era algo que elevava meu espírito como nada mais. Para quem tem um corpo que reage ao álcool como o meu, é como voltar ao útero. Tudo fica quente e aconchegante, não importa onde você esteja.

---

* Meus professores desistiram de mim/ Não importa o que eles digam, eu discordo/ E quando preciso de algo para acalmar minha alma/ Eu ouço muito rock 'n' roll

Mesmo ainda criança, eu já sabia que qualquer coisa que fizesse você se sentir tão bem assim... acabaria sendo um problema.

Lembro que uma namorada me perguntou: "Você gosta mais de si mesmo quando bebe?" Respondi: "Não, mas gosto mais de você".

Uma boa resposta – mas, na verdade, eu gostava mais de *tudo*.

Fomos ensinados a beber em qualquer ocasião: para comemorar, relaxar, curtir ou lidar com problemas. Quando Ed tinha doze anos, o pastor-alemão do meu primo pulou a porta de tela* da nossa casa e cravou os dentes na coxa dele. A receita do meu pai? Um cigarro e uma dose de vodca. (Os cães *odiavam* o Ed; viviam atrás dele. Talvez porque ele exalasse vulnerabilidade, sei lá. Mas isso acontecia direto. Lembro de uma vez que fomos visitar nosso amigo Julio. Estávamos entrando, eu observando o lugar e dois minutos depois ouvi gritos: era o Ed sendo perseguido por um beagle na rua. A cena mais engraçada que já vi.)

"Lembro de meu pai me dar bebida e cigarro quando eu tinha doze anos. Eu estava nervoso, e ele disse: 'Toma uma dose de vodca'. Bum. Não estava mais nervoso", contou Ed. "Não bebo pelo gosto", continuou. "Bebo para ficar podre de bêbado! Gosto mesmo de ficar bêbado."

O álcool foi, sem dúvida, um problema em nossa família. Lembro de visitar meu pai quando ele foi internado em um hospital militar para desintoxicação, pouco antes de deixarmos a Holanda. Na época, eu não entendia o que estava acontecendo. Tudo o que me diziam era: "É o seu pai; vá vê-lo". Lembro claramente do cheiro de éter e da aparência austera do lugar – parecia aquelas fotos de orfanatos russos, com fileiras de catres esterilizados. Fingi que tudo estava bem. Minha mãe não explicou nada, nem disse o que fazíamos

---

* (N. T.) Tipo de porta coberta por tela de arame, comum em casas nos EUA, usada para ventilação sem permitir a entrada de insetos.

ali; então fiquei só olhando pela janela, torcendo para que ele não estivesse mal demais. Naquela época, não se questionava os pais. Eles sabiam de tudo e *mandavam* em tudo. Você apenas obedecia.

Um bom exemplo disso é meio estranho, mas é real: em casa, minha mãe me dizia para dar um soco no meu pai se achasse que ele estava saindo da linha – bêbado demais, fazendo alvoroço demais. Ele nunca foi violento – *ela* que começava a bater *nele*. Ed era inútil nessas horas; simplesmente me deixava lidar com tudo. "Minha mãe perseguia meu pai com uma frigideira e batia na cabeça dele", disse Ed. "Para escapar disso, eu tocava piano ou me escondia no quarto com a guitarra." E lá estava eu, tentando resolver as coisas sozinho. *Valeu aí, Ed!*

Aprendi desde cedo que você precisa saber se virar. Precisa dar um jeito. Num minuto, seu pai pode estar certo; no seguinte, sua mãe. E você está preso nesse turbilhão. Tem que se adaptar, e rápido.

E as coisas pioravam. Às vezes meu pai passava dos limites. E, se minha mãe mandava eu fazer algo, sendo criança, eu fazia. Uma vez, fui até o fim: acertei a cabeça dele com um casco de cerveja Miller.

Parecia cena de *I Love Lucy* – só que, diferente da TV, a garrafa não se espatifou. Senti a gravidade do impacto na parte mole do crânio do meu pai. E ele caiu. Foi uma sensação muito, muito ruim. A tristeza bateu. Pensava: *Esse é meu pai. Por que estou fazendo isso?* E também: *Ei, Ed! Que tal dar uma ajudinha aqui?*

Nunca falamos sobre isso. Espero que ele tenha me perdoado. Talvez nem se lembrasse. Ou talvez achasse que mereceu.

ÉRAMOS UMA FAMÍLIA VIOLENTA. Para nós, "Vou arrebentar a tua cara" soava quase como um afeto. Meu pai tinha um cassetete guardado debaixo da escada e vivia ameaçando usá-lo se passássemos dos limites. Nunca chegou a esse ponto. O máximo era dar-nos uma surra leve se fizéssemos alguma burrada. Ed e eu brincávamos com força, como irmãos fazem. Às vezes, meu pai queria apenas jantar em silêncio, depois de um dia cansativo – e de uma noite mais cansativa ainda. Mas a gente começava a zoar, correndo ao redor da mesa e rindo descontroladamente... até um de nós dois levar um tapa.

Minha mãe era pequena demais para bater de verdade. O "castigo" dela era dar pancada com colher de pau na mão. Uma vez, bateu tão forte que minha unha do polegar caiu inteira depois.

Era outra época. Castigos físicos eram comuns. E o pior: fomos convencidos de que os merecíamos!

Essas coisas atingiam Ed mais profundamente do que a mim – ele levava tudo para o lado pessoal. "Sempre que eu parava de praticar ou começava a tocar guitarra, minha mãe me chamava de '*nietsnut*, igual ao seu pai'. Crescer assim não faz bem para a autoestima", disse ele. *Nietsnut* era um jeito holandês de chamar alguém de zé-ninguém. Nunca dei bola para isso. Minha mãe só tentava nos disciplinar e motivar. Mas acho que Ed levava a sério. Sempre sentiu que tinha algo a provar... mesmo depois de mostrar ao mundo que era o oposto de um zé-ninguém.

Como todos os irmãos – ou, pelo menos, todos os que eu conheço –, a gente caía na porrada sempre que podia. Tenho uma cicatriz no rosto até hoje de quando o Ed me cortou com uma "espada" de bambu ainda na Holanda. Foi depois de um acidente: certa manhã, minha mãe pôs uma xícara de café sobre a máquina de lavar. (O apartamento era tão pequeno que tudo ficava ao alcance da mão.) Ed esbarrou no pires, e o café fervente caiu sobre ele. Teve queimaduras de segundo e terceiro graus pelo corpo. Meus pais o levaram correndo para o hospital, onde o enfaixaram como uma múmia e prenderam varetas de bambu ao corpo para evitar que as bandagens grudassem nas bolhas. Não demorou muito até que a gente usasse as varetas para brincar de esgrima.

Não fazíamos quase nada separados. A ideia era que tudo o que um fazia, o outro fazia também, principalmente na música. Qualquer desvio disso era esquisito.

Ed se sentia excluído quando eu ia trabalhar com nosso pai e ele não era chamado por ainda ser muito novo. Sendo o caçula, sempre pareceu disputar a atenção do nosso pai. Claro que a minha vontade era dizer: *Vai fundo, Ed, você que dê conta de toda essa merda no meu lugar!* Eu nem tinha certeza se queria mesmo trabalhar com uns onze ou doze anos. Mas o Ed parecia não compreender a nossa relação. Acho que é bem comum entre irmãos.

Não me entendam mal: eu era tão ligado ao Ed quanto ele era a mim. Tenho um vídeo antigo em que o Ed aparece tocando com outro cara no palco, na formatura do ensino fundamental, e ainda fico irritado quando assisto. (Brincadeira.) (Mais ou menos.) A verdade é que eu não pude tocar com o Ed naquele dia porque ainda estava na sétima ou oitava série, e aquilo era um evento do ensino fundamental. Então acabei sendo o roadie, pensando: *Vou ficar de olho nisso.* Eu estava carregando o amplificador dele, literalmente mantendo o Ed sob controle.

Havia uma banda que ensaiava em uma loja de máquinas de lavar em Monrovia – e eles realmente queriam o Ed. Fomos vê-los; eu devia ter uns dezesseis anos, porque fui de carro até lá. A isca deles era que tinham um contrato com uma gravadora. E você se lembra – eu me lembrava – do que o nosso pai dizia: *Não briguem pela arma*, por assim dizer. Depois que vocês estiverem dentro, aí sim podem se virar. *Se eles tinham um contrato com uma gravadora, aquilo podia ser bom para nós. (E o baterista deles vai sair antes que se deem conta.)* Mas eles eram tão ruins que não importava. Faça-me o favor, o "hit" da banda se chamava "Dear Diary"!*

A gente já sabia o que queria ser: o Cream. Eu adorava exibir o solo de bateria do meu ídolo, Ginger Baker, em "Toad"; o Ed ouvia Clapton por horas e estudava tudo o que ele fazia. "Gosto do Hendrix, mas nunca gostei dele tanto quanto gosto do Clapton", disse Ed à *Guitar World*, em 1978. "Clapton, cara. Eu sei todos os solos que ele tocou, nota por nota, até hoje."

O primeiro show a que assistimos foi o de Clapton com o Derek and the Dominos, quando eles tocaram no Pasadena Civic Auditorium, em 1970. Um amigo do Ed ganhou os ingressos numa rádio local e os deu a ele porque sabia que, para o Ed, Clapton era como um deus. Estávamos na sexta fileira, mas o Ed levou *binóculos* para ver cada detalhe do que Clapton fazia no palco.

Mas ele ficou decepcionado. Falou sobre isso com um jornalista décadas depois: "Honestamente, eu esperava algo mais poderoso. Se eu tivesse visto o Cream, provavelmente teria ficado impressionado, porque essa era a fase do Clapton que eu realmente amava." Mesmo assim, tentamos invadir os bastidores depois do show para ver o Clapton de perto. Não rolou; ele provavelmente já tinha ido embora quando a gente conseguiu entrar. "Mas conseguimos conhecer o pandeirista", lembrou Ed. "Al e eu rimos muito porque o cara tinha uma maleta de voo só para o pandeiro dele."

Rimos muito na época. Mas hoje eu entendo: músicos se apegam aos seus instrumentos. "Você precisa estar emocional e espiritualmente conectado ao seu instrumento", dizia Ed. "Uma guitarra é uma extensão natural da pessoa que a toca." Eu sinto o mesmo. Para mim, tocar bateria – atacar algo com força – tem

* "Querido Diário".

sido uma válvula de escape e também um meio de comunicação. Eu estaria perdido se não tivesse encontrado a bateria. Seu instrumento não é um ser vivo, mas você tem uma relação íntima com ele, e, se algo acontecer com ele, a dor é parecida com a de uma perda real.

O castigo mais severo que minha mãe deu ao Ed foi trancar a guitarra dele para que ele não pudesse praticar.

"EU ODIAVA SEGUIR OS SEUS PASSOS NA ESCOLA", o Ed me disse muitas vezes. Havia dois problemas: minhas notas eram boas (pelo menos quando eu me esforçava) *e* eu era um encrenqueiro.

Em relação às notas, comecei como um aluno nota 10. Acho que foi só um caso isolado, mas fizeram testes comigo e me saí bem. Eu queria que não tivessem feito isso – só me causou sofrimento, e não acho que signifique muita coisa. Mas a minha mãe levou a sério, e, de repente, lá estava uma mulher indonésia de 1,20 m chegando à escola, completamente fora de si, encarando todos os professores. Ela queria que eu entrasse no programa para superdotados, mas eu não tinha o menor interesse. Porque não vi nenhuma garota bonita naquela turma! Isso mostra onde estava a minha – supostamente brilhante – cabeça.

Minha mãe estava focada em como prosperar em um novo país e tinha ideias muito específicas sobre como isso aconteceria. "Por que você não arruma trabalho na IBM?", sugeria ela. Ela pensava grande e achava que meu intelecto supostamente superior nos levaria a algum lugar. Mas eu não queria passar a vida olhando para telas de computador. Eu queria bater nas coisas! Com força!

Acho que o Ed sempre se sentiu pouco inteligente. Não sei de onde ele tirou isso – nunca me senti mais inteligente do que ele, nada disso. Como eu disse, ele era sensível. Um professor cuzão provavelmente o chamou de burro uma vez, e ele nunca conseguiu superar isso.

O Ed estava certo ao dizer que os professores, ao colocá-lo em suas turmas, pensavam: "Lá vem outro Van Halen". Porque eu meio que me rebelei contra as expectativas da minha mãe, academicamente falando, e logo passei a ser visto como encrenqueiro. Tinha uma professora de biologia, a Sra. Walker, que usava um clicker de adestramento para nos chamar atenção, como se fôssemos um bando de animais. Achava aquilo o cúmulo do desrespeito. Eu pensava: *Peraí, tem pelos crescendo no meu rosto, olha o que está acontecendo com o meu corpo. Não me trate como uma criança.* Então comprei clickers para todo mundo da turma, e, da próxima vez que ela nos chamou a atenção assim, todos "chamamos" de volta. Se tem coisa que eu nunca consegui tolerar, é autoridade imerecida e arbitrária.

Cheguei às vias de fato com meu professor, o Sr. Carlson. A gente tinha um jornal alternativo, fora do campus, chamado *Bull Sheet*,* onde publicávamos nossas opiniões sobre tudo que acontecia na escola. Você não podia escrever anonimamente: se quisesse dizer algo, tudo bem, mas tinha que assinar e bancar. Era o penúltimo dia do ensino médio, e eu estava com um exemplar do *Bull Sheet*. O Sr. Carlson veio e disse: "Me dá isso". Eu respondi: "De jeito nenhum". Ele insistiu, eu retruquei. Meu pensamento era: *Estou ferrado mesmo; logo vou para o Vietnã*. Então dei uma porrada no Sr. Carlson e fui parar na sala do diretor. Entrei e o Sr. Charles – nosso primeiro diretor negro, aliás – olhou para mim e balançou a cabeça em reprovação. Ele disse: "Só entrega

---

* (N. T.) Trocadilho com *bullshit* ("besteira", "bobagem", mas também "merda", em tom vulgar).

a porra do jornal pra ele" – usando exatamente essas palavras – "e eu te formo".

Aceitei o acordo. O Sr. Charles só não mencionou que me daria uma média D-.* Mas me formei, o que era um feito e tanto comparado a muitos dos meus amigos. Academicamente, Ed e eu – e a nossa turma – éramos pipas-avoadas. Não estávamos ali para estudar. Sabíamos que não íamos para a faculdade; não tínhamos dinheiro para isso. E eu já tinha decidido que, se me convocassem para o Vietnã, eu iria – afinal, esse país nos acolheu. Mas nunca fui chamado, porque meu número de convocação era alto demais. Por *um*.

Acho que, quando se vive à sombra de outra pessoa, tudo fica mais difícil. Ed disse uma vez à revista *Guitar World*: "Eu costumava sentar na beira da cama com um engradado de Schlitz Malt Talls. Meu irmão saía às 19h pra festejar e transar, e quando voltava às 3h da manhã, eu ainda estava no mesmo lugar, tocando guitarra." É verdade que Ed passava uma quantidade inacreditável de tempo tocando guitarra sozinho – fora as horas intermináveis que passávamos tocando juntos. Ele literalmente não se cansava daquilo. "Quando peguei a guitarra pela primeira vez, não teve nenhuma luz divina nem nada", continuou ele na entrevista. "Algumas coisas eram fáceis, outras difíceis. Mas eu nem pensava nisso; só queria tocar, curtir e me sentir bem. Se levasse uma semana pra aprender metade de uma música ou um dia pra aprender cinco, tanto fazia." Ele era viciado no instrumento, e Deus sabe o quanto se dedicava a fazer sua guitarra "chorar baixinho". Mas não pense que só eu estava interessado em festas e curtir a solteirice.

O Ed se metia em encrenca. Foi expulso da escola aos dezesseis ou dezessete anos depois de ser preso por porte de maconha –

* (N. T.) Nos Estados Unidos, a escala de notas vai de A a F. D- é o nível mais baixo de aprovação.

um baseadinho só, e isso bastava. Era crime grave, e a gente ainda não tinha cidadania americana, então meus pais ficaram brevemente convencidos de que seríamos deportados. Meu pai, como sempre, indiferente: "Bem, talvez a gente se mude pra Escócia". Eu, por outro lado, fui dar uma surra no cara que dedurou o Ed.

Senti que *devia* – era minha responsabilidade, meu papel como irmão mais velho. Quando éramos pequenos, ficou muito claro pra mim que proteger o Ed era parte do meu trabalho. Depois de adultos, dei muitas chances pra ele cuidar de mim, e ele cuidou. Sou grato por isso. Mas, quando éramos crianças, numa família do velho mundo, com valores antigos, a função era bem definida: seu irmãozinho está em apuros? Resolva. Foi preso por maconha? Assuma a culpa, ache a pessoa certa para conversar, faça o que for preciso. E eu tentei, por 65 anos. Se dependesse de mim, ainda estaria tentando.

A escola inteira viu quando desci o braço no garoto que supostamente dedurou o Ed. A polícia veio, fui preso e peguei alguns anos de liberdade condicional. Mas isso nem foi o pior. Eu bati no cara errado.

Fiquei muito mal com isso, sabia o quão errado tinha sido. E o carma voltou pra mim. Alguns meses depois, eu estava no parque, e um grupo de sete ou oito caras apareceu e me espancou com tacos de golfe. O Ed viu tudo de longe, mas não fazia ideia de que era eu apanhando daqueles caras. Não tinha relação com o garoto da escola – os dois episódios não estavam conectados. Exceto na minha cabeça, onde parecia que eu tinha recebido o que merecia.

Ed acabou indo para a chamada educação continuada,* onde você não aprende nada, só como continuar fazendo o que te colo-

* (N. T.) Nos EUA, o termo pode se referir a programas educacionais para jovens infratores ou alunos com dificuldades de aprendizado, fora do sistema regular de ensino.

cou ali. Ele sempre teve uma veia rebelde – havia um motivo para o rock 'n' roll falar tão fundo com ele. Ele adorava "It's My Life", do The Animals – *It's my life and I'll do what I want.** E também "We Gotta Get Out of This Place", outra do The Animals, sobre resistir ao sistema. "Emocionalmente, eu me conectava muito com aquela letra", disse Ed certa vez. Ela expressava exatamente o que ele sentia naquela época.

Isso, claro, não encantava minha mãe, que sonhava com dois filhos respeitáveis. Ela gritava com a gente ou, às vezes, apenas balançava a cabeça. Ed e eu naturalmente nos aproximávamos dos desajustados – não fazíamos parte do grupo que jogava tênis. Pasadena era diferente naquela época, não era o subúrbio homogêneo e bem-cuidado que é hoje. Vivíamos num bairro misto – alguns nativos americanos, hispânicos, negros –, onde brigas eram comuns e o ambiente era tenso. A verdade é que, entre todos os meus colegas de escola, só eu e mais um continuamos vivos.

Onde cresci, havia expectativas muito claras para os homens: proteger a família, ser forte, durão e – pelo menos fora da escola – responsável. Você podia ser um músico bêbado, mas precisava ter *outra* forma de disciplina: tinha que praticar, sustentar a si mesmo e trabalhar duro.

E eu fiz isso. Na adolescência, além de terminar o ensino médio, já fazia cursos numa escola de eletricistas, tive dois ou três empregos diferentes porque precisávamos de dinheiro, estava tentando montar uma banda – e ainda tinha que achar *qualquer* tempo para os meus novos interesses: bebida, drogas e garotas. Eu estava no limite! Eram muitas exigências e conflitos, e eu realmente sentia que estava fazendo a minha parte, dando tudo

---

* A vida é minha e eu vou fazer o que quiser.

de mim e mais um pouco. Talvez por isso, um dia, ao chegar da escola, meu pai veio por trás e me deu uma pancada na cabeça porque achou que eu tinha matado aula. E eu reagi.

Foi uma resposta quase automática. Mas também fui tomado por uma raiva instantânea, inflamada por testosterona e adrenalina. Pensei: *Eu estava na escola, quem disse que não estava?* (Provavelmente minha mãe.) Então nocauteei meu próprio pai. E me arrependo disso todos os dias desde então.

É, provavelmente, a coisa de que mais me envergonho. Ele me acusou injustamente de uma pequena infração do nosso código de honra familiar, e eu respondi com a pior violação possível. Durante todos os anos em que tocamos juntos, viajando para shows no meio do nada, nunca conversamos sobre isso. Na verdade, ficamos praticamente sem nos falar por um ou dois anos depois daquele incidente. Só bebíamos juntos. Muitas vezes, voltando de madrugada, bêbados como gambás, mal enxergando um palmo à frente.

Como eu disse, o Ed se sentia excluído de tudo aquilo.

QUATRO

> Espero que, nos próximos cinco ou seis anos, eu alcance meu objetivo de me tornar um astro do rock. Pode parecer engraçado, mas é isso o que eu quero. Muitas bandas hoje em dia dependem, mais ou menos, de seus shows bizarros, mas eu gostaria de ser respeitado mais pela minha música do que pela apresentação. Eu farei o que for preciso para me tornar um astro do rock.
>
> ***— Edward Van Halen, em um trabalho do ensino médio sobre suas aspirações para o futuro, 21 de novembro de 1973***

> Você é muito talentoso, mas, se for tão tímido no palco quanto é em sala de aula, será muito difícil para você ter sucesso como artista.
>
> ***— Resposta do professor***

Lembro de ter ido com o Ed assistir ao Led Zeppelin quando eu tinha uns dezesseis anos, no The Forum, e foi quase uma experiência religiosa para nós. O cheiro de maconha era tão forte que parecia que estávamos dentro de um bong. E o som era simplesmente incrível. O lado ruim era que eles não tocavam nada como no disco – era tudo cru, seco, aquela parede de som vindo em nossa direção… Completamente avassalador. Aqueles caras podiam tocar até "Parabéns pra Você" que teria saído como puro rock 'n' roll – eles eram únicos. E era empolgante estar cercado por centenas de outros jovens que os amavam (quase) tanto quanto nós, todos prestes a explodir de tanta energia.

Era uma cena musical vibrante e fértil, na qual aspirávamos entrar não apenas pelo som, mas pela vibe, pela energia. Cada banda tinha seu estilo: de Led Zeppelin e Beatles a T. Rex e Doobie Brothers. Quando nosso pai chegava do trabalho nos fins de semana, nos sentávamos em frente à TV para assistir ao *Don Kirshner's Rock Concert* ou ao *The Midnight Special*. Ele tecia comentários simples. Lembro de uma vez em que assistíamos ao Liberace e ele disse: "Estão vendo o candelabro?" Só isso. Mas entendi o que queria dizer: *Qual é o seu diferencial visual? O que o torna único?* Naquela época, Ed e eu éramos só dois adolescentes de cabelo comprido, camiseta e calça de veludo cotelê. Dava para melhorar.

E não era só o visual. Ed *era* tímido, o professor estava certo. "Todos passam pela adolescência sendo enrolados por alguma garota ou se sentindo deslocados perto dos atletas da escola. Evitei isso me trancando no meu quarto por quatro anos", disse ele uma vez. (O que era um exagero. Que "tranca", Ed? Que "quarto"?! Ele nunca deixava a verdade atrapalhar uma boa história numa entrevista. Mas deu pra entender a ideia.) Ele era o vocalista da banda, um prodígio musical, mas não um frontman. E não queria tornar-se um.

Mas *alguém* precisava assumir esse papel. As pessoas não vão a um show apenas pela música. Elas querem ser transportadas. Querem permissão para se soltar, para liberar suas inibições. E você está lá para liderar esse ataque. "Na verdade, sou um cara tímido e ansioso", disse Ed à *Rolling Stone*, em 1998. Como eu disse: ele não era um frontman nato. "Eu costumava cantar e tocar... e odiava isso." Ed era o oposto de extrovertido – sua principal relação era com a guitarra.

Parte disso vinha de sua personalidade, parte do fato de o inglês ser nossa segunda língua, não fluía como uma língua materna. Falar com o público era um ponto fraco, assim como escrever letras. Tentamos compor por um tempo: pegávamos poemas do Rod McKuen, desmontávamos tudo, colávamos com uma melodia de duas notas. Ainda me lembro de uma: "*I talked to the mailman/ His shoes were tied/ The dog was not eating his lemon midnight.*"*

Que diabos isso quer dizer? Não faço ideia. Era a época do *In a white room, with black curtains.*** Estávamos no fluxo de consciência. Ou melhor: qualquer merda. Qualquer merda beat. Letras, linguagem, poesia... isso não era o nosso forte. Mas se você sabe o que falta, pode dar um jeito de compensar.

ED E EU DECIDIMOS que nenhuma banda decente poderia existir sem um empresário, então pedimos ajuda a um garoto punk e falastrão, que marcou um show para nós numa festa – que acabou ficando famosa – num parque em Pasadena. Ed e eu fomos os primeiros a chegar (como sempre): gostávamos de checar o local, a fonte de energia, a iluminação. Bem... não havia nada. Sem palco, sem luz, sem nada.

---

* "Eu falei com o carteiro/ Ele estava pronto pra correr/ O cachorro não ia conseguir arrancar suas bolas à meia-noite."

** (N. T.) Primeira estrofe da canção "White Room", da banda Cream, lançada em 1968. Em tradução livre: *Num quarto branco com cortinas pretas.*

O responsável do parque chegou e perguntou:

– Ei, cadê o equipamento de palco?

Cenário típico da infância do rock moderno.

– Nosso empresário disse que *você* traria! –, retruquei aos gritos.

Nosso empresário estava errado. Sem palco, sem show. Então, Ed e eu fomos beber.

Horas depois, voltamos ao parque. Uma outra banda local, chamada Red Ball Jet, estava tocando. E eram *horríveis* – pelo menos pra gente. A música era amorfa. E por que diabos estavam tocando no *nosso* evento? Ed e eu ficamos indignados: Quem eles achavam que eram? Como é que agora tinha um palco?

Uma coisa levou à outra e, não sei por quê, mas acabei jogando uma garrafa neles. Não pra machucar, só pra dizer *Ei! Podemos ter um minutinho da sua atenção?!* A música parou, e Ed e eu subimos ao palco para cumprimentar os irmãos Miles e Mark Komora, que conhecíamos da cidade. Só queríamos entender como eles tinham ido parar ali. Eram caras legais. Mas a coisa saiu do controle: gente se empurrando, cotoveladas, e, antes que percebêssemos, tudo ficou feio. Alguém puxou uma faca. Começou um empurra-empurra.

E foi assim que conheci o Red Ball Jet – e seu vocalista, Dave Roth.

Na minha memória, eu tinha uns dezesseis anos quando joguei aquela garrafa, e se passaram anos até o Dave fazer teste com a gente. Mas a cronologia não bate. Quando você é adolescente, o tempo se estica. Devem ter sido meses, não anos. Depois disso, era comum encontrar o Dave por aí. Estava sempre zanzando. A gente o encontrava no templo – a gente tocando, ele "rezando", como eu zoava, porque Dave é judeu. O templo era como um centro cultural, e nos deixavam ensaiar lá. Tocávamos em bailes e festas de quintal em Pasadena, e Dave também aparecia.

Olhando os panfletos antigos que espalhávamos por Pasadena, os endereços das festas são um mapa da minha adolescência: Hamilton Park, Huntington Drive, Colorado Boulevard, Arden Road. Se a fiação não alcançava, levávamos um gerador. Era o faça-você-mesmo total. "Festas de quintal se tornaram uma forma de arte", escreveu Dave em sua autobiografia *Crazy from the Heat*. "Mais de duzentas pessoas apareciam. Foi numa dessas que vi os Van Halen pela primeira vez. O irmãozão e o irmãozinho – o baterista e o guitarrista – com o baixista, tocando covers nota por nota do *Live at Leeds*, do The Who, de 'Smoke on the Water', do Deep Purple... e coisas de Woodstock, tipo quando Alvin Lee aparece tocando 'Goin' Home' mais rápido do que qualquer ser humano na face da Terra. Edward conseguia tocar aquele *lick*. Era *incrível*." A banda do Dave não era tão boa musicalmente. "Não tinha um som próprio", como ele mesmo disse. "Mas fazíamos um show danado. Porque eu já era o Diamond Dave."

Ele entrou cedo na onda do David Bowie. Percebeu antes da gente que camisa xadrez e calça de veludo cotelê não impressionavam ninguém. "Durante o show, os Van Halen ficavam parados feito os caras do Nirvana", lembrou Dave. (Em nossa defesa: o Nirvana era ótimo! E bem-sucedido.) "Usavam calças jeans com o elástico da cueca aparecendo e camiseta. Mas a música era espetacular."

Bem, música não é tudo. Como Dave sempre diz: "As pessoas precisam saber para onde olhar". Ele começou a fazer apresentações solo num clube de música folk chamado Ice House e destoava completamente, com camisa social *sempre* aberta, enquanto os outros ainda usavam *tie-dye* e *dashikis*.* Dave já tinha

* (N. T.) Vestimentas de origem africana que se popularizaram na cultura hippie americana dos anos 1970.

peito peludo desde cedo, vivia de camisa aberta, "dando um ar para as pulgas", como dizíamos. "Eles não conseguiam tocar nos bares. Não sabiam por quê", contou Dave. "Expliquei: 'É porque vocês tocam os vinte minutos inteiros de 'I'm So Glad', do Cream, com solo de bateria nota por nota. É impressionante, mas ninguém consegue dançar isso.' Não é música do tipo 'Com licença, você vem sempre aqui?'."

Dave era um garoto hiperativo, usou aparelho nas pernas até os quatro anos. Nunca entendi bem o motivo, mas deu certo, porque no palco ele usava aquelas pernas! Sempre foi faminto por plateia. "Pra ele, nunca foi só a música – era o show", disse meu irmão sobre Dave na época do Red Ball Jet. "Ele era um mestre de cerimônias, um palhaço. Mas era ótimo no que fazia."

Dave já tinha se mudado muito antes de o conhecermos. Nasceu em Bloomington, Indiana, onde o pai estudava medicina para virar oftalmologista. Depois viveram num rancho no interior do Centro-Oeste. (Tenho um agora, porque minha esposa, Stine, participa de competições de adestramento. Eu não monto, mas gosto de estar por perto – é tranquilo, bucólico. Entendo o apelo.) Mais tarde, a família Roth morou em Brookline, Massachusetts – um subúrbio chique de Boston –, antes de se mudar para a Califórnia.

Dave não se encaixava em lugar nenhum. Era... exagerado demais. Começou a tomar remédios para hiperatividade aos nove anos. Nunca se calava. Plantava bananeira, se exibia, era obcecado pelo Pernalonga. Os pais chamavam sua performance no jantar de "hora do macaco". Aos sete anos, o pai o levou para ver *Quanto Mais Quente Melhor* (lembra do filme do Billy Wilder? Aquele em que Jack Lemmon e Tony Curtis se vestem de mulher e ficam amigos da Marilyn Monroe?). Desde então, como Dave disse à *Rolling Stone*, "a vida virou uma busca constante por estar dentro daquele filme". Ele adorava desenhos animados, acho que o mundo era um para ele.

E ele era um *entertainer* nato. A maioria dos músicos que estudaram com Ed e comigo nunca entendeu: você está *ali* para entreter. Como meu pai sempre dizia: se não fizer isso, vai acabar tocando só para outros músicos. E qual é a graça disso? Noventa e nove por cento do público não é músico. Então atenda ao *público*, e não aos músicos. Assim, quando o Dave nos procurou para tocar juntos, topamos.

Mas não deu certo. Havíamos combinado de tocar "Still Alive and Well", do Johnny Winter, mas o Dave não conseguia encaixar a letra no compasso – o Ed e eu terminamos de tocar antes mesmo de ele começar a cantar. Estou exagerando, mas só um pouco: timing não era o ponto forte dele. Meu irmão foi menos delicado: "Foi horrível. Ele não sabia cantar." Éramos jovens e inflexíveis, então respondemos com um "obrigado, mas não", porque o Dave simplesmente não se encaixava. Tudo foi educado e profissional, e continuamos cordiais quando o encontrávamos com os Komora nas festas de quintal em Pasadena.

Aceitávamos todos os shows imagináveis. Tocávamos *o tempo todo*. Primeiro, porque era tudo o que queríamos fazer e segundo porque sabíamos que Steve Winwood tinha apenas dezesseis anos quando lançou seu primeiro single. Para o Ed e para mim, já estávamos ficando para trás. Mudamos o nome da banda de Broken Combs para Genesis, que achávamos mais adulto e profissional. Infelizmente, descobrimos que já havia uma banda britânica com esse nome – e eles estavam anos-luz à nossa frente: já tinham até um disco lançado. Então, decidimos nos chamar Mammoth – porque era *assim* que imaginávamos que soaríamos: pesados como um mamute.

Só que não tínhamos sistema de som e sempre acabávamos tendo que pegar emprestado o do David Roth. Dávamos a ele cinco ou dez dólares pelo uso do equipamento. Até que chegou um momento em que eu disse ao Ed: "Vamos tocar com ele de novo. Se ele estiver na banda, economizamos uma fortuna."

Dessa vez, fomos à casa do Dave. Ele cantou um blues chamado "Ice Cream Man" (e, desde então, nunca mais parou de cantá-lo. HA!). Nem o Ed nem eu conhecíamos a música, então achamos que fosse uma composição dele.* Eu pensei: *Nem em cem milhões de anos escreveríamos letra tão boa quanto essa.*

E o Dave sabia se *expressar*. Ficava falando e falando sobre tudo e qualquer coisa, e ele podia ser muito galante, muito persuasivo. Havia um bar na casa e uma armadura sobre o balcão com uma garrafa de uísque escondida dentro do peito. O Ed e eu nos esgueirávamos para dar pequenos goles sempre que fingíamos ir ao banheiro. Aquilo tornava tudo o que o Dave dizia ainda mais interessante.

Quanto ao canto, ele não tinha ritmo, mas tinha um sotaque peculiar. Não era familiarizado com o tipo de música que fazíamos. Ele era fã de Louis Prima. Queria desesperadamente ser Al Jolson ou James Brown. "Os primeiros discos que imitei foram os do Al Jolson – ajoelhando, sabe, com luvas brancas, cantando e dançando, o espetáculo era tudo", escreveu Dave. "Jolson foi o primeiro a construir um show completo com figurino, dançarinos, luzes, som, orquestra, e levar isso tudo para a estrada." Esse fascínio inato do Dave por espetáculo, seu desejo de atrair o máximo de atenção possível, era exatamente o que nos faltava. "Foi só depois, na era hippie, que ser artista deixou de ser legal", continuou. "Você tinha que parecer sonâmbulo, parado, meio catatônico, só curtindo."

* (N. T.) A canção foi originalmente escrita por John Brim, um *bluesman* da década de 1950, mas popularizada pelo Van Halen no álbum de estreia.

Olha, o Ed e eu tínhamos energia de sobra e, provavelmente, uma presença de palco já naquela época. Estávamos longe de sermos catatônicos. Mas, no palco, basicamente ficávamos ali, parados, curtindo. O Ed contou a um entrevistador: "Meu irmão costumava jogar baquetas em mim: 'Mexa-se, mexa-se, pula aí!'" Faz sentido.

Éramos músicos; não estávamos dispostos a começar a dançar, ajoelhar e usar luvas brancas. (Pelo menos não até o clipe de "Hot for Teacher". HA!) E também não era como se o Ed gostasse de cantar. "Eu fazia meio que um Kurt Cobain: depois de cinco músicas e três cervejas, minha voz sumia", disse ele. "Eu só gritava."

Sabíamos o suficiente para perceber que um cara como o Dave, com aquele ego e carisma, abriria espaço para que fôssemos... quem realmente éramos. O público poderia assistir ao Dave enquanto ouvia a gente tocar. E ele sabia que esse era o papel dele – e gostava disso. Anos depois, ele descreveu sua contribuição para o Van Halen assim: "Eu penso no show. É showbiz, é Broadway, é purpurina, é glamour, é Hollywood, é fila na porta, é Tia Mame, é 'Bali Ha'i' chamando!* *Bum.*" Pois é. Não era isso que o Ed e eu trazíamos para a banda.

De certa forma, achava a escolha musical dele estranha. Mas também pensei: se misturássemos nossas influências com as dele, poderia sair algo realmente diferente... Como uma sopa com ingredientes incomuns, cheia de camadas de sabor, com um gosto que ninguém conhecia. Além disso, o Dave tinha a mesma determinação e ética de trabalho que nós, o que é raríssimo. E ele tinha aquele sistema de som.

Ele me convenceu de que deveria estar na banda. Depois, fui eu que convenci o Ed. O Ed nunca teria aceitado o Dave se eu não

---

* (N. T.) Tia Mame é um personagem de musical da Broadway dos anos 1950; "Bali Ha'i" é uma canção do musical *South Pacific*.

tivesse insistido. Eu era o irmão mais velho e fui eu quem disse: "É isso que a gente tem que fazer". Então, a culpa é minha! Pensei: *Se o Dave conseguiu me convencer de que deveria entrar na banda, pode convencer qualquer um de qualquer coisa.* Quando há cinco candidatos para uma vaga, quem é que consegue o emprego? O sujeito mais barulhento, insistente e irritante do planeta. Dave, o emprego é seu!

"Eles consentiram a contragosto", foi como Dave lembrou. "Além disso, não precisaram mais me pagar pelo aluguel do sistema de som. Isso é o que, no ramo, a gente chama de 'incentivo'."

O que eu lembro é que, depois que dissemos ao Dave que ele estava dentro, ele respondeu: "Beleza. Mas vocês precisam se vestir melhor."

SEMPRE TIVEMOS EMPREGOS DIURNOS. Depois da entrega de jornais, Ed começou a trabalhar carregando pianos e órgãos para uma loja de instrumentos musicais em Pasadena chamada Berry & Grassmueck. Foi lá que ele finalmente encontrou um Marshall – um amplificador de cem watts e dois falantes de 54 x 55 polegadas – que havia sido usado como amplificador principal no Rose Palace, um enorme galpão em Pasadena onde se construíam os carros alegóricos para a Parada das Rosas e, de vez em quando, também aconteciam shows. Jimi Hendrix já havia tocado lá – com *aquele* mesmo amplificador.

Os Marshalls, na época, eram difíceis de encontrar. Além disso, eram o modelo preferido pelos guitarristas que Ed mais admirava: Clapton usava um Marshall; Jimmy Page também. "Eu nunca tinha visto um Marshall de verdade, só em fotos", disse Ed. "Eu falei pra eles que não me importava quanto tempo teria que trabalhar ali, mas que queria aquele amplificador. A única coisa que me importava era que fosse um Marshall." Ele o comprou com o desconto de funcionário e passou anos carregando pianos para pagá-lo.

No dia seguinte à minha formatura no ensino médio, comecei a trabalhar numa oficina mecânica... Foi como se eu tivesse saído direto da escola e entrado naquele lugar. Trabalhava ali todo tipo de figura esquisita e pervertida que se possa imaginar, além de alguns imigrantes que sustentavam suas famílias com muito esforço. Me diverti por um tempo, mas quase perdi um dedo.

Eu trabalhava no setor de moagem e operava a maior máquina da oficina (claro). Um dia, enquanto mexia numa placa magnética enorme, o negócio escapou. Meu dedo passou pela máquina e ficou pendurado por um fiapo de pele. Fui levado às pressas para o hospital, onde conseguiram costurar de volta. Até hoje sinto uma dormência estranha naquele dedo – uma sensação muito bizarra. (Talvez isso explique o meu som único de caixa... aquele dedo virou um peso morto e funciona como um amortecedor, abafando os harmônicos.) A única razão de o osso não ter sido decepado é que era uma pedra de amolar e não uma lâmina. Se tivesse sido uma lâmina, minha vida teria tomado um rumo totalmente diferente.

Meu pai também perdeu um dedo – ou ao menos a ponta – no começo dos anos 1970. Uma noite, por volta de uma e meia da manhã, acordei com o som dele gritando e esmurrando a porta. Quando abri, ele estava lá, berrando e segurando um dedo que estava com um terço faltando, o sangue jorrando do toco. Acontece que o vizinho do outro lado do beco havia estacionado seu trailer de forma que meu pai não conseguia mais manobrar para dentro da garagem. O trailer estava apoiado num bloco de madeira, e, quando papai foi tentar movê-lo, não percebeu o peso que havia na base. O trailer caiu sobre a mão dele, arrancando a ponta do dedo. Entrei no carro e o levei às pressas para o hospital – e foi aí que descobri que, como estrangeiro sem seguro, você não é exatamente tratado como prioridade. Disseram para a gente procurar outro hospital, no centro de Los Angeles, a cerca de meia hora dali. E lá fui eu, voando pela Pasadena Freeway de madrugada com meu pai em agonia. Quando finalmente chegamos ao outro hospital, tudo o que fizeram foi colocar um band-aid no dedo dele! Na manhã seguinte, encontrei a ponta do dedo no chão, ao lado do trailer. A unha ainda estava lá, e havia formigas por toda parte. Coloquei o pedaço num potinho com álcool, e ele ficou guardado no armário por uns dez anos. De vez em quando, eu e o Ed íamos lá dar uma olhada.

Enfim... A minha máquina na oficina não tinha proteção adequada, e só depois do acidente percebi o quanto estavam com medo de que eu processasse a empresa. Mas isso nunca aconteceria, porque o gerente era meu primo, e eu não ia ferrar com ele. Foi ele quem me arrumou o emprego, né?

Mas o que eu podia fazer era dizer: "Tô fora". Eu ganhava só um dólar por hora! Não ia guardar nenhum dos meus dedos no armário, junto ao do meu pai.

Comprei minha primeira bateria de verdade assim que saí da oficina. Era uma Ludwig e me custou mil dólares. Lembro perfeitamente de entrar na Village Music Store, em Sierra Madre. O Sr. Shepherd, dono da loja, era um cara muito legal, e eu o paguei com notas de um dólar que ganhava na oficina. Aquela pilha de notas representava mil horas do meu trabalho – mil horas da minha vida –, e ele viu valor nisso.

Ainda tenho essa bateria. A gente viveu bons momentos juntos.

O DAVE TINHA UMA AMIGA, LIZ, que disse que podíamos usar a garagem dela pra ensaiar – de graça! Foi uma baita generosidade da parte dela, e a gente ficou muito grato por ter aquele espaço.

Ensinei o filho pequeno dela a tocar bateria. ("Ele entrava na garagem enquanto a banda ensaiava e, por algum motivo, gostava de se enrolar dentro da bateria maior e ficar lá enquanto a gente tocava", lembrou ela. "O Alex, ao contrário de muitos bateristas, não usava travesseiros ou cobertores para abafar o bumbo.") Como assim?! Não estou tentando te ninar com minha bateria, estou tentando te fazer dançar! O único problema era que a casa dela ficava em um bairro perigoso, então precisávamos desmontar todo o nosso equipamento todas as noites após o ensaio e montá-lo novamente no dia seguinte. Se deixássemos lá, seria roubado.

Por um tempo, tivemos um tecladista na banda, principalmente porque ele vinha junto com o estúdio de dança da família que nos permitia usar o espaço para ensaiar. Ele tinha afinação perfeita, mas nenhum bom senso! No fim, tivemos que nos separar.

Acabamos ensaiando no porão do Dave – o que, na minha opinião, foi uma péssima ideia. Agora ele tinha o poder; você não vai dizer: "Isso não está funcionando, cara", depois que a família dele se desdobrou para nos deixar ensaiar lá. Não que o espaço fosse tão fantástico: o porão alagava um pouco depois de chuvas fortes, então precisávamos correr até lá e colocar o equipamento sobre paletes. Mas não reclamávamos: era de graça. E ninguém conseguia nos ouvir lá embaixo, o que era ótimo. O principal é que não tínhamos nada e, para quem não tem nada, a metade é o dobro.

O pai do Dave era oftalmologista, mas sonhava em ser ator. Então, ele comprou um teatro. Ora, se esse é o seu sonho e você tem dinheiro, por que não? O Dr. Roth tinha um lado excêntrico: deu ao Dave um pôster com a frase "Seja verdadeiro com o seu próprio eu" e a imagem de duas galinhas olhando para um peru. Esse era o senso de humor dele. Era um cara divertido de conversar, porque sua visão de entretenimento era radicalmente diferente da nossa – muito mais voltada para a Broadway. O Dr. Roth até quis ajudar a gerenciar a banda em certo momento. Tivemos que recusar: "Nem fodendo", só que mais educadamente.

Os pais do Dave eram divorciados, o que era incomum naquela época. Mas a mãe dele, Sibyl, era tão teatral quanto o pai. Aparentemente, ela disse ao Dave que ser cantor era uma péssima ideia – e que, se ele fosse mesmo seguir esse caminho, melhor garantir uma boa iluminação. HA! Ela era uma figura. Quando decidimos começar a parecer uma banda de rock, a Sra. Roth, Deus a abençoe, nos levava às lojas e mostrava roupas nos manequins: "Vocês usariam isso? E aquilo?" Ela era extravagante e divertida. É daí que o Dave herdou esse lado.

Ele cresceu cercado por pais apaixonados por música eletrônica e também teve como influência o tio Manny, irmão de seu pai, que lhe deu seu primeiro rádio. Tio Manny foi uma grande inspiração: abriu um lugar famoso no Greenwich Village chamado Café Wha?, no início dos anos 1960, quando cafeterias eram o lugar para se estar. ("Manny cunhou o nome andando de sofá em sofá uma noite, perguntando: 'Qual vai ser o nome do nosso novo café?' E alguém sugeriu: 'Que tal *A Espiral Eterna da Transcendência*?' E Manny respondia: 'Wha?' ('Hã?'), como a vovó diria", segundo o Dave. "Então, no fim das contas, ele chamou de Café Wha?".) Lenny Bruce, Bob Dylan, Joan Rivers, Allen Ginsberg – todo mundo se apresentou lá. Quando visitava Nova York, Dave frequentava o lugar e absorvia toda a excentricidade daquela cena.

"Vi todos os tipos de pessoas, personagens e gêneros no Village desde muito cedo. Vi lésbicas e sabia do que se tratava, vi travestis e sabia do que se tratava. Vi a turma dos atletas de Bensonhurst, vi socialites, debutantes passando pelo Café Wha?. Vi a realeza e vi viciados", escreveu ele. "Desenvolvi uma apreciação – não apenas tolerância, mas uma apreciação – por pessoas de todos os tipos."

Pessoalmente, eu nunca teria a arrogância de presumir que sabia algo sobre um grupo só por tê-lo encontrado num bar. Mas essa parte da abertura para o mundo era algo que eu e Ed também compartilhávamos: já tínhamos vivido em dois países diferentes, falado duas línguas, visto o suficiente para saber que, onde quer que você vá, as pessoas basicamente querem a mesma coisa: sentir-se bem. E sabíamos que era nosso trabalho proporcionar isso quando subíamos ao palco. A música é uma forma viral de espalhar emoção.

A primeira música que tocamos com o Dave na banda foi "It's Your Thing", dos Isley Brothers – sugestão dele. Não era Zeppelin. Não era Purple. Não era nada parecido com o que crescemos ouvindo. Estava claro que Dave vinha de outro planeta musical. "Quando entrei para a banda, tentei cantar algumas músicas – tinha Grand Funk Railroad e Black Sabbath. Essa música era totalmente nova para mim, e eu não possuía nenhum desses álbuns", admite Dave. "Fiz o meu melhor, que era péssimo na época, e os Van Halen ficaram chocados e horrorizados."

É verdade. Mas a gente via a adaptabilidade como parte do profissionalismo: *podíamos tocar qualquer coisa.* Então, tocamos "It's Your Thing". Nunca conseguimos nenhum show com essa música. Aí começamos a nos ajustar. Alguém – provavelmente meu pai – dizia: se você tocar uma música e ninguém dançar, não toque de novo! Simples assim.

Eu achava o Dave um cara estranho, mas respeitava o fato de que ele estava disposto a trabalhar, como nós. Ele entendia: teste, toque, ensaie. Repita. Sem parar. Acho que as pessoas não entendem que, para uma banda fazer sucesso, você tem que ralar muito; não é só festa e garotas. (Ainda assim, percebi que o Ringo conseguia todas as garotas, e ele era um baterista com um baita narigão. Ok, ok. Se ele conseguiu, eu também conseguiria.)

A primeira vez que gravamos juntos foi no quarto do pai do Dave – lembro do carpete esverdeado dos anos 1970. Desmontamos as camas para usá-las como defletores. Para engenheiros de som iniciantes, não nos saímos tão mal. Tínhamos visto fotos de estúdios de gravação, sabíamos o básico. Você ouve a fita – se estiver com muito eco, tente abafar. Nada de outro mundo. Acho que a primeira música que gravamos se chamava "Glitter". (Lembrem-se: Dave era obcecado por Ziggy Stardust, botas plataforma e tudo mais.) Não era horrível. Mas tampouco era o que eu queria.

Lembro de ficar muito insatisfeito com o som. Estávamos lidando com material cafona, microfones ruins, um quarto sem acústica... Se fode aí, né? Mas, na nossa cabeça, estávamos competindo com gente como o Jimmy Page. Mesmo adolescentes, menores de idade, admirávamos os caras com quem crescemos – e nosso som não chegava nem perto, o que nos frustrava. Não sabíamos que Jimmy Page era um experiente músico de estúdio, com todos os truques para microfonar uma bateria corretamente.

Tivemos ainda mais problemas com o nome da banda. Recebemos uma notificação extrajudicial de outra banda chamada Mammoth. Ed e eu sugerimos mudar o nome para Rat Salad (título de uma música do Black Sabbath do álbum *Paranoid*). Mas foi o Dave quem sugeriu Van Halen. "Para quem conhece o ego dele, isso pode parecer uma sugestão atipicamente generosa", escreveu nosso futuro empresário, Noel Monk. "Mas acho que não. Quando o assunto era carreira, David era pragmático. Ele queria ser famoso e sabia o que era necessário para chegar lá." Dave estudou *A Arte da Guerra* e sabia: ao oferecer algo a alguém, cria-se um senso de obrigação e expectativa de retribuição. Ele sabia que precisava da banda para alcançar seus objetivos. "Vamos nos chamar Van Halen!"

Fingi que não gostei, mas todos sabíamos que era a escolha certa. Essas três sílabas simplesmente têm força, saem bem da boca. "Soa forte. Soa poderoso", disse Dave. "Ao mesmo tempo, um pianista clássico poderia se chamar Van Halen. Isso dá espaço para a banda evoluir. Se você se chama Electric Plotz, daqui a três anos esperam que você ainda soe como Electric Plotz."

Na época não existiam "hard rock" ou "heavy metal" como gêneros formais, mas, qualquer que fosse nosso som, Van Halen era o nome. E, claro, ajudava que fosse o *meu* sobrenome e o do Ed.

Mais do que tudo, era o do nosso pai. Embora eu nunca tenha dito isso na época, pensando agora, era também, em muitos sentidos, a banda dele. Um jornalista perguntou ao Ed uma vez o que o inspirou a virar músico. "Meu pai", respondeu ele. "Ele tocava com a alma."

Todas as lições que nosso pai nos ensinou sobre música, presença de palco, energia e profissionalismo foram o que transformou aquele bando de adolescentes num porão em Pasadena na maior banda do mundo.

OS QUATRO ANOS ENTRE OS QUATORZE e os dezoito são um período de crescimento mais intenso do que os vinte seguintes somados. Você passa por mudanças e se pergunta: O que eu quero? O que vou fazer? Como? E com quem?

A maioria das pessoas não quer embarcar nessa jornada. Não investe tempo. Ou seus pais acham que elas não conseguem. Foi assim que perdemos nosso primeiro baixista *de verdade*, Mark Stone. Antes dele, tivemos Mike Paloma. Depois, Frank – que saiu quando a namorada engravidou. Tocamos no casamento dele com seu substituto, Kevin, que era negro, e tentaram nos barrar na entrada. Mostrei o contrato e disse: ou deixavam a gente tocar ou eu entraria com um processo. Acabaram nos deixando entrar. Kevin era um baita baixista – mas também um baita maconheiro.

No fim das contas, foi substituído pelo Dennis. Tudo isso antes de eu completar 16 anos, quando conhecemos o Mark.

Achávamos ele ótimo – e aparentemente a recíproca era verdadeira. "Sabia desde cedo que os dois eram virtuosos", disse ele num documentário sobre a banda, lançado em 2003. "Poucos guitarristas eram lendários, e eu sabia que Edward estava a caminho. Alex era o líder. A força motriz da banda." Mark desenhou o primeiro logotipo do Van Halen – aquele com o V e o A terminando em bolinhas, quase como notas musicais. Era um cara legal e tranquilo. Mas Ed, Dave e eu tínhamos uma atitude diferente: estávamos 100% comprometidos. Mark estava incerto. "Eu era aluno nota 10, fazia parte da banda e estava dividido entre esses dois mundos", disse ele no documentário. "No fim das contas, simplesmente não consegui acompanhar."

Fui visitar a viúva dele depois que ele morreu – apenas dez dias após o Ed, veja só você. (Te vejo do outro lado, Mark. Vamos fazer um som.) Eles moravam na casa onde o Mark cresceu. Ele a comprou dos pais e viveu lá até o fim. Ela me disse que, por toda a vida, Mark sentiu como se tivesse deixado escapar uma oportunidade de ouro.

CINCO

> Tínhamos uma lista com quatorze escolas de ensino fundamental e médio [que ficavam] a poucos minutos de carro... Em cada armário, colocávamos um panfleto. Fazíamos uma verdadeira panfletagem no lugar. Se o Aerosmith estivesse tocando no estádio de futebol – ótimo, perfeito –, lá estávamos nós, distribuindo panfletos. A gente imprimia umas quatro mil cópias por quarenta dólares numa gráfica rápida e se dividia em equipes. No fim das contas, chegamos a usar walkie-talkies, porque a polícia impedia um dos grupos de panfletar os carros, e aí, quando sabíamos que isso estava acontecendo, corríamos para o outro lado do estádio e fazíamos o trabalho por lá. Isso construiu uma base de fãs enorme para o Van Halen, uma base realmente popular. Nos panfletos, escrevíamos: "A Escolha do Povo". Eu tirei isso dos pôsteres de luta do Muhammad Ali.
>
> — *David Lee Roth*

A partir daí – e por muito tempo – Dave, Ed e eu estávamos sempre juntos. Íamos aos shows no mesmo carro. Fizemos 65 ou 66 apresentações juntos. Ensaiávamos juntos. Comíamos juntos. Tomávamos porres homéricos juntos. Passávamos incontáveis madrugadas rodando por Pasadena e arredores em busca de holofotes que pudéssemos roubar da entrada de condomínios – e depois usávamos tudo nos nossos shows. Dizer que éramos próximos não chega nem perto: éramos um só.

Eu não conseguia fumar maconha com o Dave como o Ed fazia – era coisa deles – porque, se eu ficasse chapado, não conseguia tocar. Simplesmente não dava. (Acredite, se maconha ajudasse na minha criatividade ou fosse de alguma forma benéfica pra mim como baterista, eu teria virado um rastafári.) Mas Dave e eu tínhamos um interesse em comum: artes marciais. Quando eu estava no ensino médio, fiz aulas com um cara chamado Henry, na escola International Karate, na Colorado Boulevard. Alguns dos outros alunos eram verdadeiros brutamontes, e eu saía de lá com vergões nos braços por causa dos golpes deles. "Isso não vai me ajudar na bateria", pensei. Parei de frequentar quando vi o Henry jogar um aluno contra a parede – o garoto ficou com uma fratura no esterno. Mais recentemente, treinei com um cara que é como meu guru espiritual siciliano. Ele me mantém disciplinado, mantém meu corpo funcionando mesmo após setenta anos de uso e abusos.

Antigamente, Dave e eu íamos juntos às lutas de caratê no Auditório Olímpico – era divertido ver a galera da pancadaria, e era exatamente esse tipo de gente que aparecia por lá. Dave fazia comentários malucos e incríveis sobre tudo: falava da história dos movimentos, da era dos xoguns... Ele não tinha a menor ideia do que estava dizendo metade do tempo, mas isso não importava. Era divertido ouvir. Contador de histórias nato. O cérebro dele era tão esquisito que só estar por perto já era interessante.

Dave tinha uma ética de trabalho impressionante. O pai dele era rico, e mesmo assim ele limpava merda em estábulo pra juntar dinheiro e comprar um aparelho de som! Ele não se comportava como um garoto rico – talvez por ser muito ambicioso ou por ter algo a provar. Ed e eu, estrangeiros e sem grana, estávamos acostumados a trabalhar duro e improvisar. Um dos motivos pelos quais o Ed tocava uma guitarra Frankenstein que ele mesmo montava era este: estávamos acostumados a tirar o máximo do pouco que tínhamos. Era tudo de segunda mão. Como ele mesmo disse ao Smithsonian: "A principal razão de eu tirar tantos... chamem de truques, chamem de técnicas... da guitarra era a necessidade. Eu não podia pagar pedais. Não podia comprar um fuzz box nem todos os apetrechos que os outros tinham. Então fazia o que dava pra tirar os sons com os meus dedos."

Éramos obrigados a improvisar. Mas tudo estava sempre caindo aos pedaços. Essa história é antiga, mas real: o Ed dirigia um Volvo velho e, para a porta não cair de vez, amarramos ela com fio de piano. Ela estava pendurada por um fio, literalmente.

Na mesma linha de sempre improvisar, uma vez nosso sistema de som quebrou durante um show em 1974, no auditório da Pasadena High School. Michael Anthony Sobolewski, o vocalista da banda de abertura – uma banda chamada Snake – foi legal o bastante pra emprestar o dele. "Lembro de ficar parado na lateral do palco assistindo Edward e Alex tocarem e pensar: *Uau, esses caras são bons*", contou ele. "Aí o Dave apareceu – esqueci o que ele vestia, era tipo um colete de smoking, mas só isso, com uma bengala e um chapéu. O cabelo estava comprido; não sei se tinha cor, mas lembro que em 1967 ou 1968 ele fez algo bem estranho com o cabelo. Então ele disse: 'E aí, o que acharam dos meus amigos?'"

Foi aí que pensamos: "Cara, devíamos tocar juntos". Embora, pra ser honesto, eu tenha desgostado de alguns aspectos do show do Snake. Quando tocavam "La Grange", do ZZ Top, o Mikey chamava a namorada no palco pra apertar o nariz dele – pra parecer mais com o Billy Gibbons enquanto cantava "How, how, how, how". (*No palco!?* Aquele é um espaço sagrado. Ed e eu ficamos horrorizados.) Depois fomos até o porão com o irmão mais novo dele – foi ali que descobrimos que Michael Anthony Sobolewski não era só um cara legal: ele também cantava pra caramba. E isso era ótimo, porque, no começo, achávamos que o som do baixo dele era meio fraco.

Mas Mikey tinha paixão e comprometimento. Tocava com pedais leves que ele mesmo montava, o que achamos superinteressante. O falsete dele acabou sendo essencial para as harmonias vocais do som do Van Halen. A forma como a voz dele se misturava com a do Ed gerava algo especial – tanto que muita gente pensa que a voz principal do Van Halen era a dele. As vozes se encaixavam com perfeição.

Eu mal sabia cantar, quanto mais fazer harmonia. Estava ocupado demais espancando a bateria. Mas, quando conseguimos aquela mistura certa de vozes, tudo simplesmente fluiu. Principalmente nos tempos em que precisávamos tocar covers do Top 40 nas casas noturnas – era o que o público queria ouvir e dançar. E fomos ficando cada vez melhores nisso. Imitávamos bandas como Humble Pie, que usavam os vocais como se fossem outro instrumento, de forma poderosa. Os Beatles, obviamente, também faziam isso. E o Queen meio que extrapolou todos os limites – dava pra ser uma banda de hard rock séria e ainda ter aquelas harmonias maravilhosas nas músicas.

Agora, com o Mikey – que morava na cidade vizinha, Arcadia –, éramos quatro. Como o Led Zeppelin. A formação original do Van Halen estava completa, pronta pra conquistar o mundo.

Nos anos 1980, no auge do sucesso, um repórter perguntou ao meu irmão quando ele soube que o Van Halen era algo especial. Ele respondeu: "*Sempre* achei que o Van Halen era especial. Pra mim, era especial quando a gente tocava em festas de quintal. O Van Halen sempre foi especial porque era *a principal coisa da minha vida*."

PARA CONVENCER NOSSA MÃE DE QUE estávamos levando a sério, Ed e eu começamos a estudar música no Pasadena City College, onde Mikey e Dave também estudavam. Achei que deveríamos aprimorar nossos conhecimentos de arranjo, aprender a ler partituras – tudo o que envolvia ser um músico profissional. Queria que a gente tivesse as bases bem firmes. Tivemos aulas com um sujeito chamado Truman Fisher, cujo outro aluno notável foi Frank Zappa. (Zappa mais tarde agradeceria ao Ed por "reinventar a guitarra", então sempre terei um carinho por ele. Te vejo do outro lado, Frank.) "O Dr. Fisher era muito vanguardista, e a única coisa que ele me ensinou foi: fodam-se as regras", disse meu irmão. "Se soa bem, é bom."

Descobrimos rapidamente que o importante não era o que ele ensinava e sim como você interpretava – o que você fazia com aquilo. Ed e eu escrevemos alguns arranjos para aquela aula e, na minha opinião, o primeiro ficou excelente. Às vezes, quando você age por impulso, coisas interessantes acontecem. O Dave se recorda assim: "Alex Van Halen estava criando arranjos, lá por 1969 e 1970, para *Amor, Sublime Amor*. Eram dezoito integrantes e a melodia, em 11/14 – onze tempos por compasso – era impossível de tocar! Ele precisou ir de instrumento em instrumento, mostrando àqueles alunos perdidos como chegar à primeira *coda*." Será que eu fiz tudo isso? Sei lá, talvez algo parecido. (Mas, Dave, não existe semicolcheia, então 11/14 também não existe!)

Dave nunca levou os estudos muito a sério; acho que ele não conseguia ficar parado por muito tempo. Ele dizia que estava "na banheira até a banda decolar", explicando: "Passei a maior parte do tempo da faculdade em aulas de música – teoria e orquestração. Eu não era muito bom nisso. Matematicamente, conto até quatro e começo de novo... Os Van Halen eram muito superiores a tudo que eu conseguia fazer nessa área – assim como o Michael. Eles ganharam tudo que é prêmio."

Outro lugar em que Ed e eu aprendemos muito foi em frente à televisão. A banda do *Tonight Show* era incrível. Eu adorava arranjos de big band, e o Doc Severinsen era fantástico em como unia tudo aquilo – e, claro, tinha também o Tommy Newsom e o Ed Shaughnessy. E eles faziam isso toda noite! Quer aula melhor do que essa?

Havia muitos músicos talentosos naquela faculdade, caras que tocavam como nada que você já tivesse ouvido. Mas o que você vai *fazer* com isso? Essa é a questão. Como vai ganhar a vida?

Você não pode simplesmente ficar trancado no quarto fazendo música para uma plateia de uma pessoa. A única forma de ter sucesso no mundo da música é se a sua atitude for: *Só tem uma vaga, e quem vai ficar com ela? Eu vou, porra!*

> Quando tocávamos em casas noturnas, aprendíamos apenas o básico das músicas do Top 40 para sermos contratados. Mas tínhamos que tocar sets de 45 minutos. Mesmo que você soubesse trinta músicas, isso só dava para dois sets – a maioria das músicas do Top 40 não passa de três minutos. Achamos que podíamos tocar nossas próprias músicas e ninguém se importaria, desde que a batida estivesse lá. Um dia, estávamos tocando em um clube chamado Posh, em Covina – nunca vou esquecer disso. Ficamos sem músicas do Top 40

> e começamos a tocar material nosso. O dono do clube veio até nós durante uma música e disse: "Parem! Eu contratei vocês para tocar o Top 40. Que merda é essa?" O roteiro era sempre o mesmo: "Esse guitarrista toca muito alto" ou "que som psicodélico dos infernos". As queixas eram sobre mim. É curioso, mas não importava o quanto eu tentasse copiar o som dos discos – e eu botava pra quebrar de verdade –, no fim, eu sempre soava exatamente como eu.
>
> — ***Edward Van Halen***

Então, não fazíamos nossas próprias músicas; tocávamos o que o público já queria ouvir.

Mas tentávamos tocar melhor do que os outros – fosse lá o que "melhor" significasse. De forma mais articulada, mais flexível, mais interpretativa. E tínhamos altos padrões de encenação. Aprendemos isso com meu pai. Coisas pequenas, como nunca deixar o público no vácuo: você está sempre tocando ou interagindo com ele, nunca vira as costas. Não dá pra parar no meio do set pra afinar o instrumento – isso é desrespeitoso, quebra o fluxo de tudo. Você tem meia hora. Vamos fazer essa meia hora valer a pena!

Buscávamos criar um espetáculo. Obviamente, tinha o Dave com toda aquela energia vibrante, tagarelando e pulando com suas calças apertadas.

Depois, tinha "a Bomba": uma enorme e pesada caixa metálica de torpedo do exército – excedente da Segunda Guerra Mundial – que meu irmão usava como rack de efeitos. (Ele serrou um buraco na lateral da coisa e enfiou ali uma caixa de eco e um delay de fita.) Aquilo era mais alto que ele e impressionante de ver. Com o tempo, ganhei um segundo bumbo – meus heróis Ginger Baker e Keith Moon usavam dois –, o que aumentou ainda mais a grandiosidade. E por fim tínhamos os potes de fumaça.

A gente os fazia com latas vazias de comida de gato, parafusadas em uma tábua de madeira e recheadas com pólvora preta 4F – o tipo usado por quem recarrega cartuchos de bala. (Você só conseguia comprar duas latas por vez, então, antes do show, todos nós íamos individualmente buscar as nossas cotas. Só Deus sabe por que eles achavam normal quatro moleques de dezenove anos, cabeludos, comprando 4F regularmente.) Ligávamos tudo a um pedal e detonávamos no começo da música. Era uma loucura. "Eu gritava: 'Senhoras e senhores, por favor deem as boas-vindas ao incrível Van Halen!', e a gente tocava a primeira nota e soltava metade dos potes de fumaça. Parecia a Praça da Paz Celestial", lembra Dave. "As pessoas corriam, tossiam, choravam com tanta fumaça. Se fosse um baile em ambiente fechado e a ventilação estivesse mal calculada, parecia que a gente estava tocando dentro de uma nuvem... Sempre tinha alguma coisa no palco pegando fogo."

O Dave tinha uma perua Opel Kadett, e a gente se espremia lá dentro com os equipamentos para tocar em qualquer lugar que nos aceitasse. Bares de motociclistas. Pistas de boliche. Clubes automotivos de hispânicos. Festas de quintal que invariavelmente acabavam com a chegada da polícia – as maiores davam quase mil pessoas. Rinques de patinação. Estabelecimentos com nomes como Perkins Palace, Barnacle Bill's, Proud Bird. Havia um lugar chamado International Casino, onde o teto era tão baixo que, se você se levantasse rápido da bateria, batia a cabeça. E o "camarim" era um mictório com um cano que descia até o chão, mas não estava conectado a nada. Você tinha que chegar cedo, antes que o cheiro ficasse insuportável.

Tudo bem. Esse era o nosso trabalho. Toda banda passa por essa merda. Se você quer muito, precisa aguentar.

Lembro de uma noite num lugar chamado Walter Mitty's, em uma área mais barra-pesada de Pomona, quando de repente o lugar esvaziou no meio do show – alguém tinha sido esfaqueado. Vimos o pobre coitado com as tripas para fora. Tivemos que tocar lá de novo na noite seguinte e, na nossa infinita sabedoria, posicionamos os amplificadores a alguns metros da parede para, se desse merda de novo, a gente conseguir pular atrás deles e se proteger.

Quando você chega em uma boate decadente e a plateia começa a beber, a música está bombando e as pessoas se agitam, é sempre uma versão mais branda de Altamont.* O padrão é: as pessoas ficam bêbadas, começam a se empurrar e logo começa uma briga. Na maioria das vezes, conseguíamos manter tudo sob controle – a última coisa que queríamos era gente brigando no nosso show. Estávamos ali para unir, não para dividir.

Tínhamos um repertório de cerca de trezentas músicas. Nunca tivemos um guitarrista base, então o Ed foi jogado numa situação em que, sempre que surgia um vazio, ele preenchia. E isso acabou se tornando o estilo dele.

Mas cada casa noturna tinha sua própria playlist, e precisávamos nos adaptar. Se você está tocando num bar latino, tem que tocar o que faz a galera dançar – você não está lá para bater de frente com o público ou convertê-lo. Está lá para, de certo modo, facilitar a transição para o seu som, porque, no fim das contas, ninguém se lembra exatamente do que você tocou. Eles se lembram de como você os fez sentir.

* (N. T.) Festival de rock em 1969 nos EUA que terminou em violência, frequentemente lembrado como um "fim da inocência" do movimento hippie.

A beleza do rock 'n' roll é que ele agrada a todos. E ninguém sobe ao palco pensando: *Espero que ninguém apareça.* Você está ali porque tem orgulho do que faz e quer compartilhar com o maior número de pessoas possível. Nosso pai sempre dizia: "Não tome partido de nada, ou você vai acabar afastando metade do seu público". É por isso que sempre fomos permanente e resolutamente apolíticos.

Havia um clube chamado Gas Company, e uma banda chamada Gold tocava lá com frequência. Eles eram muito, muito bons. O local ficava no andar de cima, atrás do salão de sinuca em Pasadena. Ed e eu íamos sempre que não tínhamos um show, só para ouvir aqueles caras e ficar obcecados: *O que eles estavam tocando que fazia aquilo funcionar? Por que eles estão aqui e nós estamos presos naquele lugar com o mictório quebrado?*

Estávamos tão sedentos por sucesso que dávamos tudo de nós a cada apresentação. Lembro de pensar: *Espero que a gente não precise fazer isso todas as noites, noite após noite, depois de assinar o contrato.* (Mal sabia eu...) É por isso que o Cream durou apenas três anos, eles não conseguiam manter aquele ritmo. É física e criativamente anormal tocar em altíssimo nível todas as noites. Mesmo que você seja o Ginger Baker.

Lembre-se: naquela época, solos de bateria eram o auge. Eram o ponto alto da noite. Depois acabaram se tornando algo batido, e hoje as pessoas não têm mais saco para ouvi-los. Mas, naquela época, a pressão era enorme. Uma das coisas mais assustadoras que meu pai me disse foi: *Quando a bateria entra, a música vai para outro nível.*

Desde o início, tínhamos uma certeza: nossa função não era apenas tocar música. Estávamos ali para ser a energia da celebração. Não havia gravações – você tinha que estar presente, fisicamente, para viver aquela experiência conosco. Estávamos ali para provocar uma reação no público. O Van Halen estava ali para fazer a festa.

Será que às vezes passávamos dos limites? Pode crer. Uma noite, estávamos tocando no Golden West Ballroom, em Norwalk, Califórnia – um lugar incrível, com um bom palco e boa iluminação, capacidade para cerca de mil pessoas. O Ed cheirou um pouco de cocaína depois do show. Até aí, uma sexta-feira à noite como outra qualquer. Mas não era cocaína – ele tinha inalado carreiras monstruosas de PCP ou sabe-se lá o quê. Talvez tranquilizante para cavalos. Alguém veio correndo até mim e disse:

– Cara, é melhor você dar uma olhada no seu irmão. Ele não está com uma cara boa.

Um puta eufemismo. Olhei para o Ed – os olhos vidrados, a pele esverdeada, a boca aberta. Eu só consegui dizer:

– Levem ele para o pronto-socorro. AGORA.

Lembro de literalmente cair de joelhos e rezar (ou melhor, implorar, quem eu estou querendo enganar?): *Por favor, não deixem ele morrer.* Mas ele morreu! Foi literalmente declarado morto na chegada, assim que a ambulância chegou ao hospital.

Felizmente, seres humanos cometem erros – até mesmo médicos. Ed recobrou a consciência depois de alguns segundos.

Infelizmente, não seria a última vez que eu temeria perdê-lo. Nem a última vez que isso quase aconteceu.

SEIS

No, I don't ask for permission
This is my chance to fly
Maybe enough ain't enough for you
But it's my turn at a try.*

— Van Halen, "Unchained"

Sabíamos que não poderíamos passar o resto da vida tocando em Pasadena. E, a apenas trinta quilômetros de distância – mas um universo de diferença –, ficava a Sunset Strip. A partir da primavera de 1974, aquele se tornou nosso reduto.

Os principais pontos eram o Whisky a Go Go (e, sim, é assim mesmo que se escreve) e o Roxy, onde não se interessaram nem em ouvir a gente. A cena dos clubes era muito segregada – se você não tinha contrato com uma gravadora, não podia tocar aqui, só acolá, esse tipo de coisa. Ou então havia lugares como o Troubadour, onde não se podia realmente ser rock 'n' roll – era preciso ser um cantor e compositor, ou tocar algo mais suave, tipo os Eagles.

* Eu não peço permissão/ Esta é minha chance de voar/ Talvez o suficiente não seja o bastante para você/ Mas é a minha vez de tentar.

Por fim, havia o Gazzarri's. Era meio bagunçado e tinha uma *vibe* decadente. "Bill Gazzarri contratava quem conseguisse e pelo menor preço",* como disse Mikey. O The Doors costumava tocar lá antes de assinar com uma gravadora; essa era a fama do Gazzarri's. Mas o público era formado basicamente por turistas – definitivamente não era uma clientela de Hollywood.

Mas não importava. Aquela foi nossa porta de entrada para os anais da Sunset Strip, nosso ponto de acesso.

Fizemos testes uma ou duas vezes para Bill Gazzarri, o dono, e ele não ficou impressionado – apenas nos encarou, de camiseta e jeans, mascando seu charuto e balançando a cabeça. Dave ainda achava que Ed e eu deixávamos a desejar visualmente: "Ele sempre me dizia que eu estava malvestido", disse Ed. "Então, na época do teste para o Gazzarri's na Sunset Strip, comprei umas plataformas e quase quebrei os tornozelos".

Estávamos dispostos a tentar qualquer coisa para sermos notados. Mas, no fim, entramos no Gazzarri's por aquilo que fazíamos de melhor. Alguns agentes que trabalhavam com o Sr. Gazzarri nos viram tocar no Pasadena City College. Naquela altura, se tocássemos em qualquer lugar da região, pelo menos mil pessoas apareciam – e, aparentemente, estávamos na ponta dos cascos naquela noite, porque os agentes ficaram realmente impressionados. Eles convenceram o Sr. Gazzarri a nos dar algumas noites para mostrar o que podíamos fazer com uma plateia.

Não deu certo de cara. Ed tinha comprado uma van Econoline velha, e fomos de carro por volta do meio-dia para fazer a passagem de som no dia do nosso primeiro show. Mas há um

---

* Para esta e outras citações constantes no livro *Nöthin' But a Good Time*, de Beaujour e Bienstock, foi utilizada a tradução de Marcelo Vieira para a edição brasileira do livro (Estética Torta, 2022).

limite para o que se pode fazer num local vazio – é só quando a plateia chega que dá para ajustar tudo. Então, pronto, uma e meia da tarde, e agora? Eu tinha ouvido John Bonham, baterista do Led Zeppelin, dizer que, mesmo que você esteja nervoso antes do show, nunca comece a beber, senão vai estar cansado, ou pior, *trêbado*, quando subir no palco. Então, beber estava fora de questão. Passamos o resto do dia sentados na van, ficando cada vez mais impacientes e ansiosos. Só Deus sabe por quê; acho que sentíamos que precisávamos ficar perto do nosso equipamento.

Estamos falando de 1974. Os Estados Unidos tinham acabado de sair do Vietnã e do escândalo de Watergate. Havia muita criminalidade e uma recessão pesada e dava para sentir isso por todos os lados. Era só olhar para o letreiro de Hollywood – que deveria ser um símbolo icônico de glamour, mas estava caindo aos pedaços. (A situação só piorou até 1978, quando um grupo decidiu arrecadar dinheiro para restaurá-lo. Alice Cooper, que vivia pelas casas noturnas da Sunset nos anos 1970, doou 28 mil dólares para salvar a letra O.)

Para o desespero do Sr. Gazzarri, só quatro pessoas apareceram naquela primeira noite – a casa estava *às moscas*. Bem, assim não vai funcionar. Donos de clubes ganham dinheiro vendendo bebida, então aprendemos rápido: é preciso fazer o público dançar, porque quanto mais dançam, mais bebem. Quatro pessoas se divertindo muito podem dançar e beber mais do que quatorze sentadas, agindo como se estivessem numa biblioteca.

Emendávamos quatro ou cinco músicas seguidas, e Dave fazia brincadeiras entre elas para manter o pessoal animado e engajado. Lidar com o público numa boate é como pescar: se você for excessivamente agressivo ou insistentemente irritante, o peixe escapa. Mas, se for tímido, nunca vai fisgar ninguém. É preciso ter confiança. Coragem!

O Sr. Gazzarri gostava de se autointitular o "Padrinho do Rock 'n' Roll" e fazia o que podia para transformar o clube numa festa. Contratava dançarinas para circularem por lá com roupinhas curtas. "Minha irmã foi dançarina do Gazzarri's por um tempo, e a foto dela estava na parede", contou Michael. "Lembro de ter pirado quando tocamos lá, dizendo: 'Você só pode estar brincando comigo...'" Havia algo divertido e despretensioso no quão cafona e pouco profissional o Gazzarri's era. Quer dizer, rolavam concursos de camisetas molhadas. (Com os quais eu tinha um grande problema. HA!)

Quando o lugar enchia, era diversão garantida: só classe média marcava presença nas festas – essa era a Hollywood que eles conheciam. No final daquele primeiro fim de semana, o Sr. Gazzarri nos pagou 75 dólares para dividir entre os quatro – mal dava para gasolina e cerveja. Mas ele mandou a gente voltar.

O DIA INTEIRO GIRAVA EM TORNO DA NOITE. O dia não era nada. Era à noite que ganhávamos vida.

Tocávamos três sets por noite, quase todas as noites. Era exaustivo, só gente bem jovem consegue aguentar esse ritmo. E não era como se a noite acabasse depois do último set, à uma ou duas da manhã. Na verdade, era aí que começava. Éramos um bando de animais soltos em Hollywood, sem supervisão! E ao redor de nós estavam alguns dos maiores clubes de música do mundo. A Sunset era um parque de diversões do rock 'n' roll.

Sabíamos que estávamos, literalmente, cercados pelos nossos ídolos. John Lennon foi expulso do bar em cima do Roxy, no fim do quarteirão do Gazzarri's, por encher a cara demais – isso na mesma época em que começamos a tocar por lá.

– Gente, vocês não vão acreditar em quem acabei de ver: *Keith Richards e Ringo Starr* – disse Dave, uma noite, depois de colar nossos pôsteres e distribuir panfletos em frente ao Roxy.

O Gazzarri's ficava ao lado do Rainbow Bar & Grill, e, numa dessas noites, entre dois shows, vimos John Bonham lá dentro, bebendo com Ritchie Blackmore, guitarrista do Deep Purple. Ed e eu ficamos malucos: *Deep Purple e Led Zeppelin na mesma mesa?* Parecia que nossas cabeças iam explodir. Fomos até lá nos apresentar e convidá-los para nos ver tocar na casa ao lado. Bonham olhou para a gente e disse:

– Quem diabos são vocês? Vão se foder.

Ele estava bêbado, e quando fui estender a mão para cumprimentá-lo, ele me deu um soco. O segurança dele me impediu de levar um golpe de verdade, mas, por um instante, eu quase desejei que ele não tivesse intervindo. Teria sido uma honra ser nocauteado por John Bonham! Era esse o nível da idolatria àqueles caras.

O mais importante é que todos estávamos melhorando – musicalmente e como artistas. A linha entre o palco e a plateia? A gente fez questão de apagá-la. Aprendemos a nos conectar com um público grande em um nível emocional – a atraí-los, a fazê-los sentir que eram parte daquilo com a gente. Era essencial.

Você desenvolve ritmo e entrosamento tocando (até dizer chega) com as mesmas pessoas. Não tem outro jeito. É como ter um parceiro de dança – você se acostuma aos movimentos do outro. Ed sempre afinava a guitarra um quarto de tom abaixo – entre Mi e Ré sustenido – para acomodar a limitação vocal do Dave e fazer sua voz soar melhor. Quando todos trabalham juntos assim para valorizar os pontos fortes uns dos outros, o resultado é maior do que a soma das partes. E isso diz muito quando uma dessas partes é virtuosa como meu irmão.

Aprendemos muito. Descobrimos que, se alguém jogasse uma garrafa, um amplificador explodisse ou uma briga começasse, a primeira coisa a fazer era tocar James Brown. Fazia o público bater palmas, desanuviar. (Você precisa de instrumentos de sopro para fazer justiça a uma música de James Brown, mas não tínhamos nenhum. Em vez disso, fizemos o que sempre fazíamos: demos um jeito. Transformamos os vocais na nossa seção de sopros, o que teve como efeito colateral desejável o fato de nos forçar a melhorar nas harmonias.) O bom humor sempre salvava o dia, e Dave era muito engraçado e humilde. (Naquela época, pelo menos.) O Van Halen ficou realmente muito bom em empolgar o público, fazê-lo dançar e vibrar. Esse era o nosso dom como grupo.

Se você não sabe de onde vem a expressão rock 'n' roll, pesquise. Você está ali para colocar as pessoas no clima, libertá-las de suas inibições. Quando começa a circular a notícia de que existe uma banda que faz isso bem – e que está tocando cinco ou seis noites por semana –, o público começa a aparecer. Mais gente dançando significa mais gente bebendo, o que significa mais dinheiro. E o Sr. Gazzarri ficava cada vez mais satisfeito conosco. "As garotas sempre me pediam: 'Padrinho, você pode me apresentar ao Eddie?'", contou Gazzarri certa vez a um jornalista. "Ele era o quieto, mas também o mais popular. Ficava ali no canto do palco, e toda semana, quando eles tocavam aqui, pelo menos cinquenta garotas vinham, pagavam entrada e passavam a noite inteira ao lado do Eddie."

Parece o máximo, eu sei.

E era mesmo. Mas, embora minha mãe continuasse gritando para arrumarmos um emprego de terno e gravata, já éramos profissionais, para ser bem sincero. Levávamos nosso trabalho muito a sério. E os cachês foram aumentando à medida que mais e mais pessoas vinham nos ver. Pensávamos nos Beatles e na sua temporada no Star-Club, em Hamburgo, na Alemanha, e nos sentíamos bem em fazer a nossa própria versão disso, ali em Hollywood.

Além disso, havia muitas mulheres. "Eles tinham uma espécie de noite da Playboy no Gazzarri's que era tipo 'Puta merda!'. Garotas por toda parte", conta o baterista "Wild" Mick Brown em *Nöthin' But a Good Time*, livro sobre a cena hard rock da Sunset. "Quando entrei, pensei que estava no cinema."

Então, a vida foi boa. Por um tempo.

Era meio que certo: se conseguia fazer duzentas pessoas levantarem e enlouquecerem, conseguia fazer o mesmo com vinte mil. Não digo isso por arrogância, é só algo que a gente sentia. Sem falar no fato de que Ed era um músico fenomenal e só melhorava. Entre outras coisas, ele estava aperfeiçoando o *tapping* – técnica em que o guitarrista usa tanto a mão da palheta quanto a do braço da guitarra para bater no braço, ou, no caso do Ed, martelá-lo. "*Tapping* é como ter um sexto dedo na mão esquerda", explicou ele. "Em vez de dedilhar, você bate na nota, direto no braço da guitarra. Eu estava em casa, bebendo uma cerveja e me lembrei de ver outros músicos usando isso para uma nota rápida no solo. Pensei: 'Bom, ninguém está realmente explorando essa ideia'. Aí comecei a brincar e percebi o potencial."

Ed nunca disse que inventou o *tapping*. Paganini já fazia isso no violino nos anos 1600! Steve Hackett, guitarrista do Genesis, usou a técnica no álbum *Nursery Cryme*, de 1971. Harvey Mandel fez alguns *taps* no álbum *Shangrenade*, de 1973. Um cara chamado Emmett Chapman até inventou um instrumento elétrico de dez cordas próprio para *tapping* – o Chapman Stick – em 1974. Mas Ed se tornou o mestre incontestável da técnica; ele a adotou de uma forma que impressionava. Era algo tão diferente de tudo o que qualquer outro músico fazia que Dave sugeriu que Ed tocasse de costas para o público no Gazzarri's, para que ninguém soubesse o que ele estava fazendo. "Muitos guitarristas começaram a tentar copiar os *tappings* do Eddie e todas as coisas que ele fazia", lembrou Michael. "Em muitos shows, o Dave dizia: 'Ei, não queremos todos esses guitarristas imitando você'." Mandamos o Dave se ferrar. Você nunca vira as costas para a plateia. Isso é o básico do showbiz. Se você vir o Ed de costas, é porque está manipulando sons distorcidos com os amplificadores.

Com parte do dinheiro do Gazzarri's, pagamos uma sessão no Cherokee Studios, em Chatsworth. Há algumas faixas daquela gravação de 1974 que nem soam como Van Halen – o Dave cantando baixinho, sussurrando e tal. Mas também gravamos as primeiras versões de "Take Your Whiskey Home" e "In a Simple Rhyme", que acabaram no nosso terceiro disco e, se quer saber, são clássicos do Van Halen. Já estávamos criando músicas próprias fiéis à nossa visão como banda.

O único problema era que não podíamos tocar essas músicas no Gazzarri's. Tínhamos que tocar covers de tudo o que bombava no rádio. (O que não era de todo ruim. Tocávamos The Kinks até dizer chega.) Não éramos tratados como músicos ali, éramos mais como uma jukebox humana de quatro cabeças. "A gente devia atrair as pessoas para o bar, não para a banda", como meu irmão dizia.

Mas poderia ter sido bem pior: meu pai teve que tocar músicas de propaganda nazista sob a mira de uma arma! Comparado a isso, tocar "You Really Got Me" quatro milhões de vezes era o paraíso, sem dúvida. Tudo o que tínhamos que fazer era tocar música por dinheiro enquanto as pessoas festejavam. Não estávamos limpando banheiros (de novo: algo que meu pai fez quando chegamos aos EUA, sem nunca reclamar, só para sobreviver). Sabíamos que éramos sortudos.

Bill Gazzarri era um cara legal e sempre serei grato a ele, mas é mentira quando dizem que ele nos "descobriu". Ele nem sabia nossos nomes. Achava que o Dave se chamava "Van" Halen, tipo Van Morrison.

Semanas viraram meses. Meses viraram anos. E você se lembra de quanto tempo durava um ano quando era jovem? Eu tinha vinte e poucos, mas sentia que a vida estava passando rápido demais. No fim das contas, ainda éramos só a banda residente de um bar, e isso não ia dar certo. Eu não queria chegar aos cinquenta, fumando cigarros na fila do Local 47, com calça de paetês. E jamais deixaria isso acontecer com um músico brilhante como o Ed.

O pessoal da indústria fonográfica não frequentava o Gazzarri's. Sabíamos que precisávamos tocar em algum lugar com mais visibilidade, assinar um contrato de gravação. O Sr. Gazzarri disse: "Se tocarem em outro lugar, não serão mais bem-vindos aqui".

Tivemos que dizer: "Tudo bem, Sr. Gazzarri. Obrigado por tudo."

ANTES DE SER O "PRÍNCIPE DO POP", o DJ mais famoso do rádio por vinte anos, Rodney Bingenheimer foi "Prefeito da Sunset Strip". Fizeram até um documentário com esse nome,* em que todo mundo puxa o saco dele: Mick Jagger, Alice Cooper, David Bowie, Debbie Harry, Neil Young... O cara tinha contatos. Ele chegou à cidade em meados dos anos 1960 e logo estava morando com Sonny e Cher, trabalhando como assessor de imprensa deles. Por um tempo, teve sua própria boate na Sunset, chamada English Disco – talvez você já tenha ouvido falar. Ela fechou antes de chegarmos, mas ele ainda era assunto – um sujeito baixinho, de voz fina e franja desgrenhada, tipo um Andy Warhol da Costa Oeste. Ele se parecia tanto com Davy Jones que, quando fez teste para o

* (N. T.) *Mayor of the Sunset Strip* (2003).

The Monkees e não conseguiu o papel, acabaram contratando-o como dublê do Jones nos filmes da banda.

Enfim, em uma noite de 1976, Rodney nos viu no Gazzarri's e teve o estalo. "A multidão era simplesmente incrível. Um monte de garotas; sempre acreditei que bandas que atraíam esse monte de garotas enlouquecidas chegariam ao topo", contou ele. Dissemos ao Rodney que ele deveria conferir nosso show no Pasadena Civic Auditorium e ouvir nossas músicas próprias. "Quando cheguei lá, tinha umas duas mil pessoas no lugar", disse ele ao *Los Angeles Times*, um ano depois. "Eles mesmos organizaram o show. Incrível." Era mesmo incrível organizar aqueles shows. Ele tem razão. Você tinha que pagar as luzes, a segurança, dar um jeito de arrumar tudo – e, às vezes, tudo parecia meio improvisado, uma imitação de uma banda *de verdade*, porque você criava soluções meio toscas para problemas que não entendia direito. Afinal, você não é promotor, designer, engenheiro – é MÚSICO!

Mas, por causa do Rodney, conseguimos algumas datas no Starwood, no Santa Monica Boulevard. "Falei com esse cara, Ray, que estava no Starwood na época, e ele disse: 'Sei lá. Nunca ouvimos falar do Van Halen e eles são uma banda do Gazzarri's'", contou Rodney em *Nöthin' But a Good Time*. "Naquela época, se uma banda era rotulada como 'do Gazzarri's', ela nunca tocaria em outro clube. Mas eu disse: 'Eu sei, mas esses caras atraem uma galera boa de copo', e ele disse que talvez tentariam." O lugar acabou se tornando um dos nossos favoritos.

No Starwood, cabiam mil pessoas! Eles tinham luz e som de sobra, e o palco era muito maior do que o do Whisky, onde também começamos a tocar depois de encerrar nossa temporada no Gazzarri's. Eu adorava o Whisky, provavelmente era o melhor lugar de todos para nós. Para começar, foi lá que nasceram as chamadas *go-go dancers* em gaiolas! Mas o que realmente diferenciava o Whisky de qualquer outro clube era a área dos bastidores: coberta de rabiscos deixados por gigantes do rock 'n' roll – poemas de Jim Morrison no teto, autógrafos de Janis Joplin, Jimi Hendrix, Led Zeppelin, o que você imaginar. Estar ali fazia você se sentir parte de algo maior que sua própria banda, como se pertencesse àquilo que Leonard Cohen chamava de "Torre da Canção".*

Numa noite, Rodney trouxe Gene Simmons, do Kiss, para nos ver no Starwood. Estávamos bem naquela noite. Abríamos para uma banda chamada The Boyz, e o guitarrista deles, George Lynch, disse: "Minha única preocupação era que eles não fossem ruins e espantassem o público antes do nosso show. Mas então vi tudo o que eu achava que sabia sobre guitarra mudar bem diante dos meus olhos. No meu próprio show! Fiquei deprimido." Ed causava esse tipo de reação em outros guitarristas – eles não sabiam se exultavam ou se pulavam da ponte ao descobrir que alguém tocava daquele jeito.

Gene percebeu que seríamos famosos. "Aquele guitarrista – cujo nome eu sequer sabia – começou a fazer coisas como *tapping*, algo totalmente inédito para mim", ele relembrou, anos após a morte de Ed. "Ele não apenas tocava com velocidade e fúria, mas, por vezes, em harmonia com a própria batida. Fiquei em êxtase. Já na terceira música, eu estava aguardando nos bastidores."

Gene correu até nós assim que terminamos. "Vocês têm contrato com gravadora? Têm empresário?", perguntou, empolgado. Meu irmão respondeu: "Não. O que é um empresário? O que é um contrato com gravadora?" Gene havia acabado de criar uma empresa chamada Man of a Thousand Faces e queria

---

* (N. T.) Referência à música "Tower of Song", de Leonard Cohen. A expressão é usada de forma metafórica para se referir ao universo criativo compartilhado por grandes compositores.

expandir seus negócios descobrindo novos talentos – ele sempre foi tão empreendedor quanto artista. Disse que pagaria nosso voo até Nova York, nos hospedaria num hotel e produziria nossa demo. Estava animadíssimo, falando sem parar. Mas teve uma crítica: "O nome de vocês! Van Halen parece nome de fábrica de camiseta." Ele sugeriu que nos chamássemos Virus ou Daddy Long Legs, e até desenhou um logotipo novo: "Provavelmente ainda tenho uma cópia do desenho guardada em algum lugar", contou Michael. "Lembro que tinha a imagem de uma aranha, dava pra ver a metade inferior com as pernas saindo, e na cabeça ela tinha uma cartola ou algo assim. E nós pensamos: 'Humm...'"

Educadamente recusamos a sugestão. Mas é claro que ficamos empolgados por ele querer produzir nossa demo. Gene era engraçado, generoso, e parecia que nosso sonho estava virando realidade. *Perfeito!*

Só que não sabíamos que, naquela noite, a outra banda também achava que *eles* seriam os escolhidos: Gene tinha ido lá para vê-los. "Obviamente, o Van Halen foi escolhido, em vez de nós, pra ir a Nova York e gravar demos com o Gene Simmons", disse "Wild" Mick Brown, baterista da banda. "Assim que a porta foi aberta, o Van Halen entrou e a fechou com força." É assim que funciona a indústria fonográfica: um jogo de perde-ganha.

Era a primeira vez que Ed e eu voltávamos a Nova York desde que chegamos lá de navio, vindos da Holanda, quando éramos crianças. Lembro de ficar chocado ao descobrir que as lojas de bebidas não vendiam cerveja – nem a minha favorita, a Schlitz Malt Liquor. Para isso, era preciso ir a uma *delicatéssen*, que não vendia destilados! Não fazia o menor sentido.

Nos divertimos muito com Gene – lembro dele nos levando para comprar calças de couro, dizendo que nenhum astro do rock pode viver sem elas. (Quer dizer, olha só quem estava dizendo isso. Tente imaginar o Kiss sem couro preto. Impossível.) O grande momento foi a gravação no Electric Lady Studios, criado por Jimi Hendrix em 1968, bem no coração do Greenwich Village. Gravamos quinze músicas, incluindo "Runnin' with the Devil", "I'm On Fire" e "House of Pain". Mas nada soou bem – a gravação foi ruim, e nossa performance também não estava no ponto. "Aprendi que não gosto de overdubs", disse Ed. "O Gene presumiu que eu soubesse como isso funcionava, mas eu disse: 'Não, não consigo fazer isso'. Queria tocar como sempre faço, me intrometendo entre os acordes. Em vez disso, tive que preencher os espaços depois de gravar a base e me senti bem desconfortável."

Éramos jovens, teimosos, cheios de manias – e delirávamos. Não éramos tão bons quanto achávamos. Mas éramos melhores do que todos pensavam.

Gene nos levou até o empresário do Kiss, Bill Aucoin, pra tocar a demo pra ele. Nunca vou esquecer: ele colocou os pés em cima da mesa e começou a engraxar os sapatos. Foi tão desrespeitoso que ficamos sem reação. Ele nos dispensou, mas eu gosto de pensar que, se tivéssemos tido a chance, nós teríamos dispensado ele. Ficamos tão decepcionados com ele quanto ele com a gente, isso é certo.

Gene é um baita sujeito, e eu o adoro. Sempre vou valorizar o entusiasmo inicial dele e como ele entendeu o que estávamos tentando fazer. Ele até foi humilde quanto a isso: "Fiquei honrado e com sorte por testemunhar a grandeza antes que ela explodisse para o mundo", ele contou. "Essa tal 'descoberta do Van Halen' – bem, quem os descobriu foram os pais. A partir daí, eles se construíram sozinhos. Ninguém os presenteou com nada. Eles ralaram muito por isso. Foram anos de dedicação." Obrigado, Gene. Foram mesmo.

Quando voltamos para casa, Rodney Bingenheimer tocou algumas músicas da demo em seu programa *Rodney on the ROQ*, na KROQ, estação de rádio de Pasadena. Mas ainda estávamos frustrados. Achávamos que aquela seria nossa grande chance, que sairíamos de lá com um contrato de gravação e conquistaríamos o mundo.

"A demo mais cara do mundo", como meu irmão chamou aquela gravação na *Guitar World*. "A gente não fazia ideia de onde levar aquilo. Não queríamos bater de porta em porta dizendo: 'Contratem a gente! Contratem a gente!' Continuamos tocando por aí – e, no fim das contas, eles vieram até nós."

O QUE NÃO SABÍAMOS, naquela época, era que, de certa forma, aqueles dias de balada foram o auge da nossa experiência aqui na Terra. Era quando a gente atingia os picos – porque o potencial de sermos grandes ainda existia! Era quando o sonho do Van Halen era mais mágico, porque ainda era só um sonho. E não há nada mais emocionante do que pensar que você está prestes a conseguir tudo o que sempre quis. Inclusive conseguir.

Anos depois, um jornalista perguntou ao Ed se ele sentia falta de algo da nossa época nos bares. Isso foi muito tempo depois, já com discos de platina, turnês pelo mundo e contas bancárias recheadas. "Tenho saudade de quando tudo ainda era desconhecido", respondeu Ed. "Não existia internet nem YouTube – conseguimos nos safar de muita coisa que hoje em dia seria impossível. Era mais fácil construir uma reputação. Sinto falta da mística."

Sinto falta da ambição. Do propósito. Da vontade.

Oscar Wilde colocou de forma inigualável: "O suspense é terrível. Espero que dure."

SETE

"Coloquei meu coração e minha alma no meu trabalho – e perdi a cabeça no processo."

— Vincent van Gogh

O lance sobre fazer música é que, quando você chega a algo realmente bom, não parece que criou aquilo – parece que *encontrou.* Como se aquela música ou aquele *lick* sempre tivesse existido e estivesse apenas esperando para ser tocado. Provavelmente o mesmo vale para pintura, poesia e todas as outras formas de arte – quando você finalmente acerta, há algo no som, na imagem ou seja lá no que for que parece destinado a ser. Pense na progressão de acordes em "Jump"... Você consegue imaginar aquela melodia não existindo? É quase inconcebível.

Mas o caminho até ela é uma tortura. É como tatear no escuro. Por mais inevitável que uma grande música possa parecer depois de pronta, igualmente grandes são a insegurança e a frustração até que ela aconteça.

Li outro dia um post nas redes sociais de um crítico de arte chamado Jerry Saltz que captou isso perfeitamente: "Artistas: seu trabalho se esconde de vocês até que vocês o encontrem. A beleza é que ele ama ser encontrado tanto quanto vocês amam encontrá-lo. Vocês tocaram a cauda do dragão." Você nunca vai conseguir abraçar a coisa toda... provavelmente vai passar a vida inteira se perguntando se dragões existem – mesmo depois de já ter tocado em um. Tipo: esse som realmente está por aí? Se a gente trabalhar duro o suficiente, se tocarmos por tempo suficiente, será que um dia ouviremos o som dos nossos sonhos saindo dos nossos instrumentos? Ou ele estará sempre um pouco além, dobrando a próxima esquina?

Era isso que nos movia. É isso que move todo artista, músico, escritor, escultor, seja quem for. Pessoas que precisam ser criativas, que não sabem existir de outra forma, simplesmente o são – em qualquer que seja o seu modo de expressão.

Não deveria dizer "se esforçando", porque na maior parte do tempo, era *muito* divertido para a gente. Esse é o lado incrível da música: você não precisa fazer sozinho. Pode fazer com seu irmão e seus amigos, em clubes onde as pessoas estão bebendo, dançando, e garotas bonitas estão sorrindo pra você porque você está na banda.

Claro, o Ed passava incontáveis horas sentado na beira da cama com sua guitarra, tocando, criando. Mas ele passava ainda mais tempo tocando comigo e com quem mais estivesse por perto – Brian e Kevin, Mark Stone, Dave Roth, quem fosse.

A camaradagem fazia parte do nosso trabalho.

1977 FOI O NOSSO ANO.

Em janeiro, abrimos para o Santana na Long Beach Arena... nosso maior show até então. Depois, para Nils Lofgren no Santa

Monica Civic Auditorium. O *Los Angeles Times* nos chamou de "a banda mais habilidosa e comercialmente promissora da cena de Hollywood". Fomos headliners em uma série de shows lotados no Whisky. Um cara chamado Marshall Berle cuidava da agenda de lá e gostou da gente. Ele era sobrinho de Milton Berle e já havia trabalhado como representante artístico, então conhecia muita gente. Foi ele quem convenceu Ted Templeman, executivo da Warner Bros., de que precisava nos ver ao vivo.

No dia 2 de fevereiro, Ted apareceu no Starwood sem que soubéssemos. Parecia um hippie de Malibu como outro qualquer; trinta e poucos anos, cabelos loiros compridos. Mas Ted era *alguém*: já tinha trabalhado com Van Morrison, os Doobie Brothers, Clapton, Montrose. A chegada dele naquela noite marcou o começo da próxima fase das nossas vidas.

Pelo que Ted conta, o interesse dele por nós foi imediato: "Quando o Van Halen subiu ao palco, foi como se tivessem sido disparados de um canhão. A energia deles me impressionou", escreveu Ted em seu livro *A Platinum Producer's Life in Music*. "Eles tocavam como se estivessem em uma arena, e não em um pequeno clube de Hollywood." Como eu disse, tínhamos o dom de fazer as pessoas ficarem de pé e dançarem – fosse uma dúzia ou milhares delas. Na noite em que o Ted nos viu pela primeira vez, havia pouquíssima gente. Talvez sete pessoas... e três eram nossas namoradas.

Tínhamos acabado de tocar em Long Beach e estávamos com um show grande marcado no Pasadena Civic, então nossa base local não compareceu em peso ao Starwood naquela noite. Mas isso não importava. Ted sabia que era nossa musicalidade que nos tornava diferentes.

O guitarrista deles me surpreendeu. Fiquei imediatamente impressionado com Ed Van Halen. É estranho dizer isso, mas foi quase como se eu tivesse me apaixonado perdidamente por uma garota no primeiro encontro. Fiquei deslumbrado. Nunca fiquei tão de queixo caído com um músico quanto com ele naquela noite. Já tinha visto Miles Davis, Dave Brubeck, Dizzy Gillespie, todos esses artistas transcendentais, mas Ed foi um dos melhores músicos que já vi ao vivo. A escolha das notas, a forma como tocava... me lembrava o saxofonista Charlie Parker. Aliás, enquanto assistia, pensava: 'Há dois músicos na minha cabeça que são os melhores dos melhores: Parker, o pianista de jazz Art Tatum... e agora tem um terceiro: Ed Van Halen.

Não concordo com tudo que o Ted escreveu no livro, mas nisso ele acertou em cheio.

As coisas começaram a acontecer – e rápido. Foi como ver dominós caindo em sequência. Todos os obstáculos entre a gente e nosso sonho simplesmente evaporaram. Ted convenceu seu chefe, Mo Ostin, CEO da Warner Bros., a ir com ele ao Starwood na noite seguinte para nos ver pessoalmente. Mo nos adorou. "Foi muito difícil", disse meu irmão. "Lembro de conversar com outras bandas, e elas sempre tentavam convencer o Ted a produzir seus discos... e lá estava ele. Em uma semana, estávamos assinando contrato. Parecia coisa de filme."

Eles nos disseram que queriam a gente – e só Deus sabe o quanto a gente queria eles –, mas só poderiam fechar negócio se tivéssemos um empresário. Marshall Berle estava lá, foi quem nos indicou ao Ted, e de repente ele era o nosso empresário. No dia seguinte àquele show, fomos ao escritório da Warner Bros. em Burbank e assinamos uma carta de intenções.

Enfatizando: *rápido*. Foi uma mudança e tanto em relação à frustração de antes – a sensação de que nossas vidas estavam demorando para engrenar. Agora estávamos eufóricos. Com a cabeça a mil, tentávamos assimilar aquela nova realidade: *estava mesmo acontecendo.* Era possível sentir o ímpeto crescendo a cada dia, e a ascensão do Van Halen começou a parecer... inevitável. Não há euforia como essa. Quando você sente o vento soprando a seu favor e tudo na vida parece estar dizendo: *vai lá, toma o que é seu.*

Algumas semanas depois, voltamos a Burbank no carro surrado do Dave para assinar nosso contrato e conhecer a equipe com quem trabalharíamos. Dirigimos a maior parte do caminho, claro. Corremos o resto. O carro – um Valiant vermelho, caindo aos pedaços – quebrou a poucos quilômetros da saída da Ventura Freeway. Estávamos todos de salto plataforma, o que tornou a corrida até o escritório da Warner uma verdadeira missão.

Deixamos uma primeira impressão e tanto. "Eles finalmente apareceram, não só descabelados, como eu já esperava, mas completamente exaustos", disse Noel Monk – o cara que a Warner havia escalado para ser nosso tour manager – sobre esse primeiro encontro. (A fama do Noel vinha do fato de ele ter sido empresário de turnê dos Sex Pistols, o que mostra como a gravadora nos enxergava: uma banda tão indomável quanto.) "Não quero dizer que eles pareciam ter passado a noite em claro, fazendo jus à sua reputação", continuou Noel. "Mas estavam com o rosto vermelho, suando e ofegantes. Pareciam ter acabado de correr uma maratona – e perdido."

Talvez. Mas, para nós, era como se tivéssemos vencido. Até correr aqueles últimos oito quilômetros foi quase divertido, porque parecia que estávamos expressando fisicamente nosso comprometimento com a banda, com a gravadora, com o processo. Nada nos impediria agora. Finalmente estava acontecendo – íamos lançar um disco.

O nome Van Halen passaria a significar algo, não só para nós, não só para alguns milhares de jovens no sul da Califórnia. Se fôssemos tão bons quanto achávamos que éramos, estaríamos a caminho do futuro com que sonhávamos... prontos para nos juntar aos nossos heróis.

MO OSTIN ERA UM EXECUTIVO DE GRAVAÇÃO FODA. Ele começou como contador de Frank Sinatra. Foi ele quem assinou com o The Kinks e o Jimi Hendrix Experience enquanto trabalhava na Reprise. Tinha até um Picasso legítimo pendurado na parede do escritório na Warner Bros.! Ed e eu ficamos impressionados com ele. Não posso exatamente culpá-lo por ser bom no que faz, mas talvez ele tenha sido *bom até demais*: nos deu um contrato péssimo.

Mais tarde, disseram que era um "contrato nível Motown" – ou, em termos ainda mais cruéis, alguém comentou que assinamos um "contrato de preto".* Seja qual for o nome, tudo se resumia à mesma realidade: jovens músicos talentosos, mas sem poder de barganha, fazendo qualquer coisa para assinar com uma grande gravadora. Era tudo o que mais queríamos no mundo. E eles sabiam disso. Sabiam que aceitaríamos o que nos fosse oferecido e não faríamos muitas perguntas – mesmo já tendo ouvido todas as histórias de horror dos artistas que vieram antes de nós. Li *Star-Making Machinery: Inside the Business of Rock and Roll*, um best-seller na época, e passei para o Dave ler também. Sabíamos que estávamos fazendo um péssimo negócio – e que não havia

* (N.T.) "Contrato da Motown" era uma expressão usada na indústria musical para descrever acordos altamente desfavoráveis a artistas, inspirada nos contratos iniciais firmados pela gravadora Motown Records com artistas negros nos anos 1960. Já a expressão "contrato de preto" (originalmente, "*nigger deal*" no inglês) é um termo ofensivo e racista, usado informalmente na indústria para se referir a contratos extremamente exploratórios oferecidos a músicos negros – ou, por extensão, a qualquer músico iniciante em desvantagem.

muito o que pudéssemos fazer a respeito. (Claro, tudo é relativo. "O Van Halen foi contratado primeiro", reclamou Kelly Garni, baixista original do Quiet Riot. "Eles fizeram um ótimo negócio. Nós, um negócio de merda.")

Num mundo ideal, nosso empresário, Marshall, estaria pensando no futuro, zelando pelos nossos interesses e garantindo termos melhores. Mas isso não aconteceu; tudo foi fechado rapidamente naquela noite no Starwood. Ted lembra: "Durante nossa visita aos bastidores, Mo puxou Marshall e eu para um canto. Perguntou: 'Eles têm empresário?' 'Não, só estou cuidando deles.' 'Então agora têm. Você é o empresário deles.' E ali mesmo fechamos o acordo. Fiquei em êxtase." (Aposto que sim, Ted! Não há nada melhor do que negociar com alguém que lhe deve o emprego.)

É difícil saber como me sentir: devo ser grato ao Marshall por ter chamado o Ted para nos ver e ao Ted por ter feito o Mo nos contratar? (Devo, sim! Valeu, pessoal. Vocês são demais. Nós amamos vocês.) Ou devo me ressentir da indústria por lucrar com nosso suor e talento sem nos pagar o que valíamos? (Com certeza! Filhos da puta gananciosos!) Mas isso fica para mais tarde. Tudo o que sabíamos naquele momento era que agora éramos uma banda de verdade – uma banda com contrato de gravação.

E quer saber? Se eu tivesse escolha, duvido que fizesse algo diferente, mesmo com o benefício da retrospectiva.

Ted produziria nosso primeiro álbum. Já vínhamos trabalhando nas músicas havia anos, então tínhamos material de sobra quando entramos em estúdio para gravar a demo para a Warner Bros. "Muitas das ideias básicas vieram de coisas que eu criava enquanto praticava sentado na beirada da cama", disse Ed sobre essas músicas. "Às vezes você precisa se esforçar para encontrar inspiração. Mas, no fim das contas, não é exatamente trabalho, porque meu irmão e eu realmente amávamos tocar. Eu diria que era assim que a maioria das coisas acontecia na nossa banda. Geralmente começava comigo e com Al – o que é curioso, de certa forma, porque a maioria das pessoas não costuma ver guitarra e bateria como uma unidade. Acho que a bateria do Al é mais musical porque ele me ouve, em vez de apenas se concentrar em manter um *groove* constante."

Ed e eu estávamos conectados. Literalmente passamos a vida nos unindo desse jeito, tocando as mesmas coisas repetidamente, esperando que o próximo acorde se revelasse. Eu precisava ouvir o que ele fazia, e ele precisava ouvir o que eu fazia. Juntos, fazíamos a coisa acontecer. "Tudo o que eu tinha nos meus monitores quando tocávamos ao vivo era a bateria do Al", contou Ed. "Um pouco da voz do Dave, um pouco da minha, um pouco da voz do Mike. Mas tudo o que eu ouvia era eu e meu irmão."

OITO

Ted nos levou ao Sunset Sound em agosto de 1977, com Donn Landee, seu engenheiro de som favorito – que acabaria se tornando também o nosso, além de um dos colaboradores mais próximos do Ed. Mas isso foi bem depois. No começo, discordamos do Donn sobre praticamente tudo.

Quinze minutos após o início da sessão, ele disse: "Tirem as peles da frente". Ora, o som do tambor vem da ressonância *entre* as peles – você não quer usar só uma, senão ele soa seco demais. Mas esse era o som da moda na época. Os bateristas que *eu* curtia – John Bonham, Ginger Baker, Keith Moon – sempre usavam peles duplas. É *assim* que se grava uma bateria de verdade. Só que é um pouco mais complicado encaixar isso na mixagem, porque aparecem umas frequências indesejadas. Então o Donn mandou tirar as peles. E esqueceu de microfonar o segundo bumbo. (Eu uso dois, tocando em padrões interdependentes. Se você ignora um, é como ouvir um guitarrista com metade das cordas!) E o mais condenável: Donn enfiou *travesseiros na bateria!!*

Entenda: o baterista é sempre tratado como se fosse carne de segunda. Existe essa ideia idiota de que o baterista está ali só pra marcar o tempo. Mas a bateria, meus amigos, é uma VOZ – é o único instrumento acústico do disco! O som da bateria pode mudar completamente a textura da música. Mas não dá pra conseguir tudo na primeira tentativa. Tomei mais umas cervejas pra aliviar a dor e, relutantemente, fiz o que o Donn queria.

O Ed disse ao Donn e ao Ted que queria gravar a guitarra do mesmo jeito que tocava no palco, com o mínimo de *overdubs*. Eles concordaram que ele deveria fazer o que fosse preciso pra tocar como havia feito na apresentação que tinham visto. Donn me disse, quando nos vimos alguns meses atrás, que lembra exatamente da primeira vez que ouviu o Ed errar: "Estávamos no meio da gravação do primeiro disco e, em uma música, o Ed foi pra um lado, o Mike e o resto da banda foram pro outro, e saiu um desastre completo. Eu estava na sala de controle com o Ted, e ele olhou pra mim e disse: 'Acho que ele é humano, afinal'."

No fim do primeiro dia, já tínhamos gravado 25 músicas – e a maioria delas saiu boa logo de cara. "Gravei o solo separado só em 'Runnin' with the Devil', 'Ice Cream Man' e 'Jamie's Cryin'. O resto foi ao vivo", disse Ed. "Como estávamos pulando, tomando cerveja e nos divertindo, acho que o disco herdou essa *vibe*."

Pro som de abertura do disco, aquela introdução de "Runnin' with the Devil" – "que parece um avião pousando", como meu irmão descreveu à revista *Guitar Player* –, pegamos as buzinas de todos os nossos carros: o Opel do meu irmão, meu Volvo velho, outras de um Mercedes e de um Volkswagen. Montamos tudo numa caixa, conectamos a duas baterias automotivas e adicionamos um pedal. Era só pra gerar ruído antes de assinarmos com a gravadora. O Ted gravou, desacelerou a fita e aí entramos com o baixo. A gente adorava esse tipo de coisa. Fumaça, buzina... tudo improvisado – improvisado mesmo. (Aqui vai como o

Ed descreveu sua pedaleira pra um jornalista: "É um pedaço de compensado com dois controles pro meu Echoplex, um MXR Phase 90 que tenho há anos e um MXR Flanger. Estão todos presos com fita adesiva preta. Muitos músicos famosos riem quando veem isso, mas depois que me ouvem tocar, perguntam: 'Posso plugar aqui?'")

O segundo dia foi focado em vocais e definição de harmonias. Eu não estava lá porque fui ao Schick Center for the Control of Smoking and Weight. Sabia que precisava estar em forma pra turnê – ia ser fisicamente extenuante. O Schick era o tratamento da moda nos anos 1970 – todo mundo que era alguém passava por lá pra parar de fumar ou perder peso. (Mas não os dois ao mesmo tempo: me fizeram parar de fumar, mas ganhei 18 quilos.) Você entrava numa salinha cheia de montanhas de bitucas – com um cheiro horrível – e pôsteres na parede mostrando gente com traqueostomia. Tinha uma terapeuta do outro lado de um painel de vidro, e me lembro de ter dito: "Olha, moça, só quero que você fale sobre cigarro. Não quero sair daqui com aversão a mulheres, sexo ou *qualquer coisa* que não seja fumar." E funcionou.

Enquanto eu estava no Schick, a banda gravou "Happy Trails" no estúdio, a título de sobra. Mas havia um problema: Ted estava preocupado com o canto de Dave. No livro dele, escreveu: "A performance do Dave no Sunset Sound só me deixou mais receoso quanto às suas habilidades". Ted estava torcendo pra que ele fosse substituído por Sammy Hagar – com quem ele já tinha trabalhado nos discos do Montrose.

Mas entramos naquele estúdio com o Dave. E isso queria dizer que sairíamos com ele. Você acha mesmo que íamos chutá-lo assim que chegássemos ao topo? O Dave não era o melhor cantor do mundo, mas tinha tudo o que a gente precisava: carisma, presença, ego, cabelo. E as letras dele eram excelentes – ninguém lhe dá o devido crédito por isso. Nem sei se o próprio Dave sabia o quanto elas eram boas. Eram como *koans* zen.*

Mas, além disso, uma banda é como uma gangue: vocês se comprometem uns com os outros a ir até o fim – e isso alimenta a energia e a camaradagem que fazem a coisa acontecer. Existe uma lealdade sagrada entre os membros da banda. (Dave retribuiu essa lealdade mais tarde? Essa é outra história. A gente chega lá.) Dissemos ao Ted que o Van Halen era indivisível. Era pegar ou largar.

Ele aceitou, mas exigiu que Dave trabalhasse com um professor de canto durante os meses que antecederam nossa primeira turnê.

A GRAVADORA NOS DISSE QUE era hora de parar de tocar em casas noturnas. Eles queriam fazer um grande lançamento quando o disco saísse. Por uns seis meses, nos pagaram 83,83 dólares por mês – de onde saiu esse valor, nunca entendi, mas não bancava nem a cerveja. Estávamos acostumados a ralar, então foi muito estranho passar tanto tempo sem fazer nada além de jogar golfe pitch-and-putt e ensaiar no porão da casa do Dave.

Claro, também gravamos nosso primeiro disco, *Van Halen*, o álbum que apresentou a banda ao mundo. Mas isso levou só duas ou três semanas. Já tínhamos todas as músicas da demo, sabíamos exatamente o que fazer, porque tocávamos juntos fazia anos. Queríamos soar no disco como soávamos ao vivo, então gravamos *ao vivo* – todos na mesma sala. Era um jeito muito mais eficiente do que o padrão da época: gravar cada instrumento separadamente e depois montar tudo na mixagem.

---

* (N.T.) Enigmas ou frases paradoxais usados no zen-budismo para provocar reflexão e iluminação espiritual.

Dave vinha fazendo aulas de canto, tinha parado de fumar e estava comendo de forma saudável. No dia em que gravamos "Jamie's Cryin'", ele entrou no estúdio pra cantar e o Ted falou: "Dave, soa falso. Parece forçado." Ted mandou Dave fumar algo forte e comer alguma porcaria. "Comi meio cheeseburger, virei um refrigerante e fumei meio baseado", contou Dave. "Entrei e gravei 'Jamie's Cryin'' em quarenta minutos."

Gravar o álbum inteiro custou 54 mil dólares pra Warner Bros. Uma ninharia, considerando que a gravadora estava acostumada a gastar centenas de milhares num disco. Eles fecharam o contrato do século com o Van Halen, em todos os sentidos.

"Naquele tempo, as músicas surgiam do nada", escreveu Ted. "O Ed tocava uns trechos novos que tinha escrito. Quando eu ouvia algo legal, parava tudo e dizia: 'Ei, espera aí'. Vasculhava meu caderno e falava: 'Lembra daquele riff descendente de uma música aleatória? Vamos encaixar aqui, depois dessa parte que vocês estão montando agora. O que acham?' Esses caras quase sempre sabiam exatamente do que eu estava falando. Se o Ed não lembrava, o Al sabia como mexer na memória dele. Aí a gente rearranjava a música. Depois de finalizado o novo arranjo, Dave escrevia uma melodia nova e, muitas vezes, atualizava a letra. Eles tinham essa capacidade modular de composição – mas nem percebiam o quão bons eram nisso." Ei, Ted, se estiver lendo isto: obrigado. Mas a gente sabia!

O curioso sobre o Ted era que, por um lado, ele sabia exatamente o que tinha em mãos. "Eu queria que fosse perfeito, mas quer saber? O humor transpareceu. A virtuosidade do Ed transpareceu. A força do Al transpareceu. A inteligência do Dave transpareceu", escreveu Ted. "Essa é a grandeza do Van Halen." Quero dizer que, de certa forma, Ted nos compreendia profundamente. Mas ele também tentava nos direcionar para algo mais comercial – o que, claro, fazia parte do seu trabalho. "Eu queria que o Van Halen tivesse peso e densidade sonora, mas, ao mesmo tempo, queria que a pegada pop da banda se destacasse", escreveu. "As harmonias seriam a arma secreta. Quando Mike e Ed cantavam juntos, soavam jovens, com aquele frescor adolescente dos primeiros dos Beach Boys."

O problema é que essa não era a imagem que tínhamos de nós mesmos. Palavras como "adolescente" e "frescor" não tinham nada a ver com o som que buscávamos. A gente queria o peso do Led Zeppelin – era *isso*! Na primeira vez que ouvimos uma fita gravada no Sunset Sound, Ed e eu ficamos horrorizados. Estava muito distante daquilo que *éramos*.

"Éramos muito mais pesados do que o que se ouvia no disco, e era isso que Alex e eu esperávamos ouvir", disse Ed. "Lembro que Al e eu fomos à Warner Bros. buscar as fitas cassete da primeira demo com 25 músicas que gravamos. Colocamos no toca-fitas da minha van esperando ouvir algo como o Led Zeppelin, mas ficamos meio chocados com o resultado. Simplesmente não soava como imaginávamos. O primeiro álbum ficou um pouco melhor, mas ainda assim não era o som que queríamos. A bateria é discreta e mal dá para ouvir o baixo."

Obviamente, Ed e eu estávamos totalmente alinhados nisso. Não se esqueça: quando saíamos do estúdio, íamos para casa juntos. Discutíamos *tudo*. E, quanto ao som da banda, estávamos sempre em sintonia.

Mas Ted fez algo notável em nosso álbum de estreia – e por isso, sempre serei grato. Ele colocou "Eruption" no disco. Aquele solo de guitarra por si só já valia o preço do ingresso. (*Agora sim* estávamos no nível do Led Zeppelin – eles tinham um solo num disco deles. Lembra de "Heartbreaker"?) E tudo aconteceu por acaso. "'Eruption' não estava planejada para entrar no disco", lembrou Ed. "Al e eu estávamos ensaiando para um show no Whisky. Eu estava aquecendo, fazendo meu solo, quando o Ted entrou e disse: 'Ei, o que é isso? É ótimo! Vamos gravar!'" Qualquer um que entendesse de guitarra perceberia o quanto o Ed era extraordinário ouvindo *qualquer* faixa do *Van Halen*. Mas "Eruption" escancarava sua genialidade – era como a soma de tudo o que ele vinha desenvolvendo e perseguindo obsessivamente desde que pegou minha velha Teisco pela primeira vez.

Steve Lukather, do Toto, que foi um grande amigo do Ed por mais de quarenta anos, descreveu com vivacidade o que sentiu ao ouvir aquele solo pela primeira vez, antes mesmo de conhecê-lo: "Todos nós pensávamos: 'Que porra é essa? O que é isso? Como ele faz isso?' Foi um divisor de águas. Meu pênis até encolheu, de tanto pensar no que eu faria no meu próximo solo." HA!

Quando você é criativo, tem uma visão, mas também precisa convencer os outros dela, o que pode ser uma tarefa monumental. Ted fez isso por nós com "Eruption". A gravadora não queria essa merda. Eles pensavam: como as pessoas vão dançar com um solo de guitarra? Como isso vai tocar no rádio? Mas o Ted sabia que isso não importava. "Eruption" era tão espetacular que quebrou todas as regras e superou todas as expectativas. Você teria que estar surdo para não perceber.

"Na minha opinião, o Van Halen é a primeira banda de estreia realmente significativa dos últimos tempos", disse Jimmy Page ao ouvir. "Muito impressionante."

Infelizmente, a genialidade do Ed não se estendia à cautela. Pouco depois da gravação, Ed mostrou uma fita com as novas músicas para Barry Brandt nos bastidores do Whisky, certa noite. E adivinha? Uma semana depois, soubemos que a banda do Barry, Angel, estava no estúdio gravando um cover de "You Really Got Me" – uma música do The Kinks que tocávamos nos clubes e gravamos para o álbum. A Warner Bros. não queria que duas bandas lançassem covers da mesma música ao mesmo tempo, então decidiu lançar a nossa como primeiro single. Boa, Ed! Agora, quem não nos conhecia teria sua primeira experiência com o Van Halen ouvindo uma música que nem era nossa. Não era bem isso que eu tinha em mente.

"VOCÊS DEVERIAM TER VISTO A PRIMEIRA CAPA que a Warner Bros. apresentou para a gente", disse meu irmão certa vez. "Tentaram nos fazer parecer com o The Clash." Você pode achar na internet – ainda circulam alguns piratas com essa arte. Estava tudo errado. Não capturava nossa essência: Mikey usando calça branca (pelo amor de Deus!), com cara de que vai chorar. Dave ao lado dele, de olhos fechados. *Eu*, em primeiro plano, chamando pra briga. Ed atrás de mim, à esquerda, de braços cruzados e cara fechada. Parecia mais que estávamos indo para a cadeia do que para uma festa!

Dave, em especial, odiou. Disse que era porque nosso nome estava pequeno demais (o que era verdade) e porque a estética era muito punk (também verdade). Mas essa desculpa era furada. Dave não gostou porque não era ele na frente!

A Warner Bros. não queria que a banda começasse já de mau humor, então contratou Elliot Gilbert para nos fotografar tocando no Whisky. Essas fotos viraram a capa que todo mundo conhece. Eu sou apenas um borrão – você mal consegue me ver atrás da bateria. Mas gostei do fato de que os quatro estávamos apresentados como iguais: quatro quadrantes na capa, formando um todo, todos em movimento, envoltos numa espécie de névoa quente. Gostei de ver o Ed sorrindo como um maníaco, com sua guitarra – a Frankenstrat, que logo se tornaria lendária – em destaque. (Os refletores de bicicleta colados na parte de trás serviam para iluminar o palco. O captador dianteiro era apenas decorativo, ocupando o buraco que o Ed havia feito.) Gostei da forma como todos brilhávamos no escuro, como se fôssemos radioativos ou estivéssemos prestes a pegar fogo. Aquilo transmitia exatamente como éramos ao vivo: incendiários.

Um designer chamado Dave Bhang criou o logo do Van Halen que se tornaria icônico: o VH alado no centro da capa, inesquecível. Gostei de as asas fazerem alusão à imagem do Ícaro do Led Zeppelin – nossa banda favorita – e também de sugerirem a ideia de alguém tentando voar, se aproximando demais do sol, mas dando tudo de si para alcançar as alturas. Tudo isso fez sentido para mim e pareceu certo para a banda.

Como o Ed dizia: "colocamos aquilo no álbum para deixar claro que não tínhamos nada a ver com o movimento punk. Era nossa maneira de dizer: 'Ei, somos só uma banda de rock 'n' roll, não nos compare com os Sex Pistols só porque o punk está na moda'." Não dá para culpar a Warner Bros. por tentar nos encaixar em um nicho – esse é o trabalho deles. Mas o Van Halen era alegre demais, tinha humor demais para ser classificado como punk. Dá para argumentar que os Ramones eram engraçados, e tocamos num show com eles no Golden West na primavera de 1977, chamado "Punk Rock Ballroom Blitz". Gostávamos do espírito deles, mas parte do *éthos* punk era o antielitismo que se estendia à musicalidade – e isso não tinha nada a ver conosco. Não éramos dois caras batucando em instrumentos. Éramos músicos de verdade, e isso era o mais importante para nós. Não se encontra uma banda punk assim. Éramos originais demais. Musicais demais. E tínhamos respeito demais pelo rock clássico.

Era isso que amávamos – e que nos rendeu tantos fãs apaixonados. Antes da turnê, fizemos um show de despedida no

Pasadena Civic Auditorium. "A plateia inteira agitava os punhos", lembra Ted. "Parecia um show dos Beatles no meio de Pasadena, e eles nem tinham lançado o disco ainda."

Em janeiro de 1978, a Warner Bros. lançou cinco músicas do Van Halen nas rádios, prensadas em vinil vermelho. (Na capa, o nosso logotipo; no verso, o Hortelino, outro astro da Warner Bros.) Pouco antes da turnê, uma noite, eu estava dormindo quando o Ed entrou gritando às duas da manhã: estávamos no rádio. Naquele momento, nem me importei que fosse um cover do The Kinks. Tudo o que eu ouvia era *nós* – meu irmão, eu e os caras – gritando nossa música no ar.

Exatamente como sempre sonhamos.

FICAMOS NA ESTRADA por onze meses a fio.

No final dos anos 1970, fazer turnê não era a máquina bem-azeitada que é hoje – o próprio rock 'n' roll ainda era relativamente novo. Usávamos nossos amigos de Pasadena como equipe. Meu colega Gregg Emerson virou meu roadie de bateria. O técnico de guitarra era Rudy Leiren, amigo do Ed, que também virou nosso anunciador: "Senhoras e senhores, com vocês, o poderoso Van Halen!". Para cuidar dos equipamentos do Mikey, Noel Monk trouxe Gary Geller, apelidado de Big Red por causa do cabelo ruivo. Eles eram nossos amigos, então tivemos que sentar com eles e dizer: "Escutem: agora vocês estão trabalhando para nós". Às vezes isso criava atritos, como no caso do Gregg, que ainda via Ed como o caçula da turma, alguém em quem ele podia mandar como se fosse um irmão mais novo. Tudo era meio misturado. A esposa do motorista do ônibus virou a figurinista. Para o bem ou para o mal, eu mesmo dirigi o caminhão em alguns momentos – e o Ed também.

Nossa primeira parada foi Chicago, em 28 de fevereiro de 1978. Naquela altura, nosso álbum havia sido lançado fazia menos de três semanas. A Warner Bros. nos escalou como banda de abertura em um show triplo com Ronnie Montrose e Journey – logo após Steve Perry ter se tornado o vocalista do Journey. Todos eram ótimos músicos, mas não tinham muito a ver conosco. Não dava pra ser menos rock 'n' roll que aquilo; não sei se éramos muito palatáveis para os fãs do Journey. Mas, na nossa cabeça, tínhamos que conquistar o mundo inteiro – e aquele público era um bom ponto de partida. Ensaiamos por alguns dias até chegar a hora do primeiro show da turnê, para cinco mil pessoas no Aragon Ballroom.

Quase perdemos a hora, porque ficamos presos no trânsito. Mas Big Red estava dirigindo naquele dia e decidiu sair da via e percorrer os últimos quarteirões até o Aragon... pela calçada.

Nunca vou esquecer como o camarim era apertado, escuro, congelante e sem vida. Aqueles prédios antigos são todos assim – relíquias decadentes. Deveriam nos fornecer cerveja e toalhas, mas só havia quatro paninhos vagabundos e um fardinho com seis latas. Para todos nós. Bom, isso não dá nem pro começo. Só o que eu consumia sozinho provavelmente era o dobro disso.

Estávamos acostumados com condições ruins, mas aquilo foi além. (Eu *realmente* não gosto de frio. Sou da Califórnia!) Além disso, não havia espaço suficiente para os equipamentos das três bandas. O equipamento da atração principal – o Journey – ficava no fundo do palco, depois vinham os de Ronnie Montrose, e o que sobrasse de espaço na frente era o que a gente usava. Depois que cada banda tocava, seu equipamento era empurrado para o lado, dando mais espaço para a próxima. Isso funcionava pra eles, mas pra gente significava que só tínhamos cerca de 3,6 metros de largura de palco – e nosso show dependia muito de movimento e presença física. Lembre-se: minha bateria era *enorme*. Eu e o Dave sempre achamos que ela tinha que ser tão grande quanto o som que produzia – imensa! Mal cabia ali.

Obviamente, tudo era muito empolgante. Um mês após o lançamento, *Van Halen* já estava em 19º lugar nas paradas dos EUA. E eu amava estar em turnê naquela época da vida. O Ed também. Era a vida ideal para um jovem que só queria tocar, pegar mulher e festejar. Você conhecia gente nova, estava no olho do furacão. As pessoas são 99% iguais onde quer que você vá, e descobrimos isso rapidamente: todo mundo só quer se divertir, e era nosso trabalho proporcionar isso.

Eu e o Ed sempre ficávamos nos fundos do ônibus. Sinceramente, não era tão mais apertado do que em casa – já estávamos acostumados. As camas meio que desciam do teto, um troço bizarro. Mas tínhamos um ao outro ali, podíamos conversar, ouvir música, beber Schlitz, fazer o que quiséssemos. Só precisávamos ser estratégicos com a bebida, porque sabíamos do nosso compromisso com o público: eles pagavam caro, e precisávamos dar tudo de nós todas as noites. Tínhamos cuidado para não estar bêbados – ou de ressaca – demais. Era um equilíbrio delicado.

Também éramos jovens e bobos. Lembro quando chegamos a um lugar em algum canto da Nova Inglaterra, e a comida que nos deram era horrível. E lembre-se: em turnê, os bastidores e o ônibus são sua *casa*. Não dá pra servir aquela porcaria! Então começamos a jogar a comida na parede, no teto, em tudo quanto era lugar. Logo a coisa saiu do controle: comida espalhada, bandejas quebradas... Resumindo, depois do show, o pessoal local se vingou incendiando parte do prédio – e tentaram nos acusar de incêndio criminoso.

Outra vez, o Dave jogou uma televisão pela janela do hotel. Sem desculpas: estávamos entediados, bêbados, chapados – ou as três coisas juntas. Com razão, o cara da recepção chamou a polícia quando viu que uma TV havia voado pela janela. Mas quando os policiais chegaram, a gente já tinha pegado a TV de outro quarto e colocado no quarto do Dave. Bastou parecer inocente e comportado quando bateram à porta. Não foi fácil, mas deu certo.

Enquanto nos comportávamos como delinquentes, o disco subia nas paradas. "Estamos arrasando", gabou-se Ed para Jas Obrecht, jornalista da *Guitar World*, que era só um ou dois anos mais velho que ele. Eles se conheceram jogando basquete nos bastidores antes de um show no começo de 1978 e mantiveram contato desde então. (Naquele dia, Obrecht tinha ido entrevistar Pat Travers, que o dispensou – então ele acabou entrevistando meu irmão. Funcionou pra todo mundo... menos pro Travers.) "Quando começamos com o Montrose e o Journey, éramos novinhos em folha; acho que o disco tinha saído só uma semana antes da turnê", disse Ed. "E agora estamos quase ultrapassando o Journey nas paradas. Eles estão pirando. Acho que mal podem esperar pra se livrar da gente. A gente sobe lá e detona o público por trinta minutos – é tudo o que nos deixam tocar. Não fazemos passagem de som, não fazemos porra nenhuma. Mesmo assim, estamos arrebentando. Temos um bis foda toda noite."

EU CURTIA O ARTHUR BROWN – o cara que cantava "Fire" e usava instrumentos de sopro que soltavam chamas. Então comecei a botar fogo na minha bateria no palco. Era um truque barato: bastava um martelo embebido em fluido de isqueiro. Depois a gente passou a fazer isso com jatos de gás – bem mais seguro e profissional –, mas em 1978 nossa operação ainda era básica. Eu viajava com todo o meu equipamento pirotécnico. Quando chegamos a Schaumburg, Illinois, vi uns pneus largados perto do hotel e pensei: *Não seria divertido botar fogo neles?* E claro que minha maleta de pirotecnia estava comigo. (Fogo era uma parte importante da minha vida.) Enfim, lá estava eu, sentado, queimando um pneu com um isqueiro, quando um policial surgiu do nada, arma em punho. Nada bom. Aí entra o Noel Monk – ele era ótimo em nos tirar de encrenca.

"Quando você está na estrada com uma banda de rock jovem e faminta, à beira do estrelato, as regras usuais de decoro da sociedade civilizada simplesmente deixam de existir", escreveu Noel em seu livro *Runnin' with the Devil*. "Passe seis meses na estrada, dormindo em ônibus e hotéis, fazendo cem shows para plateias bêbadas e apaixonadas, e veja o que acontece com sua bússola moral. As coisas simplesmente... se distorcem."

Pegadinhas e comportamentos levemente destrutivos passam a fazer parte do pacote quando você é um jovem de vinte e poucos anos tocando em uma banda de rock em turnê. Coisas idiotas como enfiar fogos de artifício em porta-toalhas ocos ou lançar foguetes pela janela do quarto de hotel. (E azar da janela "que não abre". Dave viajava com uma chave inglesa.) Experimentos científicos malucos, de alguma forma, também são um elemento essencial da vida na estrada. "O que acontece se você pular em um vaso sanitário? E se desmontarmos uma pia? O que esperar se fizermos as duas coisas ao mesmo tempo, no mesmo banheiro?", escreveu Dave em seu livro. Ah, o estudo da hidráulica! "É parte da engenharia, da construção de pontes, da construção pesada – e é uma parte muito importante do rock 'n' roll na estrada."

Quando você passa todas as noites tocando músicas sobre libertar o ser humano da sua jaula – a essência do rock 'n' roll –, fica difícil colocar essa fera de volta na gaiola no dia seguinte. Então, estávamos sempre tentando superar a última travessura. Não lembro exatamente quando começou, mas uma tradição importante na estrada, logo em uma das primeiras turnês do Van Halen, era ser "fisgado" – ou seja, abrir o estojo da guitarra, a gaveta de meias, ou qualquer compartimento, e encontrar um peixe congelado olhando para você. A criatura morta havia sido colocada ali por algum colega de banda ou membro da equipe enquanto você estava distraído. Nunca ri tanto na vida quanto nessas situações, mesmo quando o "fisgado" era eu. Era uma questão de orgulho. "É uma honra saber que todos os olhos estão sobre você, observando sua reação, esperando que você seja apropriadamente dramático e escandaloso", disse Dave. Ser fisgado não é hora de aceitar com serenidade. Queremos ver fúria! Demos o nosso melhor para pegar você, agora é sua vez de revidar. E o ideal era justamente isto: provocar uma revanche, saber que fisgou tão bem que ela virá. Isso te dava algo para esperar no ônibus, sabendo que agora o caçador virou a caça.

Não fomos pioneiros nisso. Veja Keith Moon! Ele foi o lendário baterista do The Who. Na noite em que completou 21 anos, estava festejando na piscina do Holiday Inn em Flint, Michigan, com os caras do Herman's Hermits, banda com quem estavam em turnê. A festa virou uma guerra de bolo de aniversário. (Tivemos várias dessas na estrada. Nunca dê bolo a um jovem roqueiro bêbado.) Todos estavam cobertos de glacê, escorregando, a coisa saía do controle. Começaram a jogar garrafas de cerveja na piscina. Mas Moon levou tudo a outro nível. Havia um Lincoln Continental estacionado por lá. Ele entrou no carro, soltou o freio de mão e o dirigiu direto para a piscina. ("E a água começou a entrar, entrava pelos malditos buracos dos pedais, jorrava pelas janelas", disse Moon em 1972. "E eu ali, sentado, pensando na minha situação enquanto a água subia até meu nariz.") O colega de banda John Entwistle disse que isso nunca aconteceu, mas estou com Moon até o fim. Em primeiro lugar, ele era baterista.

E, mais importante ainda, nunca deixe a verdade atrapalhar uma boa história.

Em algum lugar de Massachusetts, Dave e eu seríamos levados – supostamente – em uma limusine. Mas apareceu um garoto dirigindo um Cadillac Seville. Achamos aquilo um ultraje. Assim que entramos, Dave começou a puxar o teto do carro até que o forro se soltasse. Antes que percebêssemos, estávamos destruindo o carro. Ao chegarmos ao show, o motorista estava praticamente chorando. Infelizmente, descobrimos que ele era filho do promoter – e o Cadillac era do promoter.

Veja, a dieta era muito à base de McDonald's. (Meu favorito era o McFish; o do Ed era o Big Mac.) Fora isso, não tínhamos controle algum sobre o que comíamos. Assim que o show terminava, nossas roupas encharcadas eram arremessadas nas malas e encaminhadas para o caminhão. No dia seguinte, a tarefa era vestir peças congeladas. Restava sorrir e resistir, pois elas ficavam completamente duras. Não era como estar no exército, mas também não era algo que você escolheria fazer por vontade própria – e, com o tempo, você se tornava um guerreiro da estrada. Passava a tratar o ambiente da mesma forma que ele tratava você.

"As boas maneiras foram jogadas pela janela – junto com mesas, cadeiras, luminárias e qualquer outra coisa que fosse minimamente inútil e tivesse o azar de não estar presa ao chão. Eu já tinha feito turnê com outras bandas que causavam estragos, mas nenhuma chegava aos pés do Van Halen", escreveu Noel – o que é mentira, já que ele tinha feito turnê com os Sex Pistols. "Tudo fazia parte do processo de se tornar um astro do rock testado e aprovado: entender que você tinha liberdade para fazer quase qualquer coisa, tornando inútil o botão que usualmente te barraria. David entendeu isso desde cedo e abraçou a ideia por completo – em parte porque queria, desesperadamente, ser um astro."

Claro. Tem esse lado. Mas havia uma explicação mais simples para toda aquela farra, para nosso comportamento péssimo e para o fato de ficarmos com o maior número de garotas possível: éramos jovens. "Foi nossa primeira turnê. Era 1978. Estávamos fazendo tudo – e mais um pouco – do que tínhamos lido até então", como disse meu irmão. Lembra de quando você tinha 21 ou 22 anos? Não é exatamente o auge do seu discernimento. Eu usava um macacão preto de couro cravejado no palco, pelo amor de Deus!

O que quero dizer é: mesmo que não soubéssemos disso, ainda éramos apenas garotos. E todas as noites daquela turnê, ligávamos para casa para falar com nosso pai.

INTERLÚDIO

Acho que foi por volta dessa época que nossa infância finalmente chegou ao fim.

De certa forma, amadurecemos rápido, Ed. Começamos a trabalhar cedo; começamos a beber cedo. Antes mesmo de chegarmos aos dois dígitos de idade, já éramos fluentes em uma segunda língua e vivíamos imersos em uma nova cultura. Mas, agora, olhando para trás – com o benefício da retrospectiva, mas sem o benefício de ter meu irmão ao lado –, vejo que ainda éramos muito jovens e, em muitos aspectos, ainda inocentes quando lançamos nosso primeiro disco.

Não conhecíamos o mundo da música. Não sabíamos o que era ser maridos – muito menos pais solitários. Não sabíamos que nossos corpos nem sempre se recuperariam de qualquer substância que enfiássemos neles. Nem que todos aqueles meses, que viraram anos, vivendo no limite, sem dormir direito, sem parar muito tempo em um só lugar, comendo fast-food na estrada… um dia cobrariam seu preço.

Na época, tudo parecia incrível. Lembra como era libertador acordar no banco de trás do ônibus e ver o sol nascendo sobre uma nova cidade? A lousa era apagada, e você renascia em cada lugar – uma nova chance de viver. Claro, "onde quer que você vá, lá está você", como dizem. Mas, para o público, você era um você totalmente novo. O show em San Antonio foi fraco? Ninguém sabe disso em Albuquerque. Era como se o dia anterior nunca tivesse acontecido.

Isso foi antes da internet, é claro. Todo mundo vivia o momento. Você não olhava para a plateia e via um mar de celulares gravando. O que via era um mar de gente festejando – e várias mulheres sem camisa! De certa forma, queria que tivéssemos mais vídeos daqueles primeiros anos, porque adoraria assisti-los hoje. Mas jamais conseguiríamos capturar como realmente era – a energia, o suor, o cheiro, a multidão, o som.

Sempre soubemos que o auge da criatividade acontece na juventude. É um período finito. E, se você for sortudo, passa o resto da carreira recriando aquilo que fazia no auge, ajustando, repetindo, improvisando. Sabíamos disso quando éramos jovens. Mas acho que, com o tempo, você perde isso de vista.

Fico imaginando um mundo alternativo em que você não se torturasse até o fim da vida achando que precisava reviver exatamente o sentimento e a produção que tinha aos vinte e poucos anos.

Papai sempre dizia que você precisava ter um som próprio – que, ao ouvir os primeiros compassos de qualquer música do Van Halen, as pessoas soubessem imediatamente que era Van Halen. E conseguimos isso. É motivo de orgulho. André Gide disse que "a arte é uma colaboração entre Deus e o artista, e quanto menos o artista interferir, melhor". Acho que Deus teve uma ótima ideia para o som do Van Halen – e nós fomos muito bons em transmiti-la ao mundo. Que honra. Que prazer. Não há nada mais que eu preferisse ter feito na vida.

Mas, olhando para trás, tudo isso significa muito menos sem você aqui para compartilhar.

NOVE

Quando fizemos nossa primeira turnê pelo Reino Unido, já não estávamos mais viajando com bandas cuja música não tinha a ver com a nossa. Estávamos abrindo para o Black Sabbath.

É difícil mensurar o que isso significava para nós. Nós venerávamos o Sabbath. Tocávamos as músicas deles desde crianças. Queríamos até dar à nossa banda o nome de uma das músicas deles! "Lembro-me de sentar em frente ao toca-discos com a agulha no vinil, com o Edward tentando entender a letra de 'Iron Man' para que pudéssemos tocá-la numa festa de quintal", disse meu roadie Gregg a alguns documentaristas. "Quando nos demos conta, lá estávamos nós, abrindo o show. Arrumávamos nosso equipamento rapidinho quando estávamos em turnê com eles, porque todo mundo queria assistir ao show do Sabbath."

Lembro da primeira noite da turnê com eles – depois que terminamos nosso show, sentamos no porão da arena, e o Sabbath começou a tocar. Ouvi-los ali, ao vivo, realmente me impactou. Estávamos dividindo o palco com nossos ídolos.

Mas havia um problema. Naquela noite, e nas seguintes, notei que não tinha garotas por perto. O público do Sabbath era quase totalmente masculino – e praticamente todos usavam camisetas pretas. Lembro de dizer ao Dave: "Eu amo rock 'n' roll, mas... cadê a mulherada?"

Essa foi nossa única queixa. O público deles foi ótimo conosco. "O Van Halen era totalmente destemido e incansável sempre que subia ao palco. E era fascinante ver a confiança da banda crescer. Eles não se intimidaram com o fato de estarem tocando para fãs fanáticos do Black Sabbath", escreveu Noel em seu livro. Mas ele estava errado. A gente se intimidava, sim. "Eles nos assustavam pra caramba", admitiu Ed. Para nós, o Sabbath era o máximo. Importava como soávamos para os fãs deles porque *éramos* fãs deles. Mas Noel estava certo numa coisa: "Quando Edward terminava seu solo em 'Eruption', tinha todo mundo na palma da mão".

Fizemos 25 shows com o Sabbath em 30 dias. Eles já estavam na ativa havia dez anos e estavam muito mais próximos da meia-idade do que nós. Então, se a agenda era puxada pra gente, deve ter sido exaustiva pra eles. Claro, eles viajavam num ônibus de turnê todo equipado, e nós, num carro caindo aos pedaços, sem camas... dormíamos sentados todas as noites. (Lembro que o nome do motorista era Keith, e ele dizia: "Eu cuido do ônibus, e o ônibus cuida de mim!") Foi nossa primeira turnê – e, embora não soubéssemos na época, foi a última do Sabbath naquela formação.

"O Black Sabbath era claramente a atração principal da turnê, mas o Van Halen roubava a cena", escreveu Noel. "Eles eram jovens, cheios de energia e ambição – do tipo que o Sabbath já começava a perder." Eu jamais diria algo negativo sobre o Sabbath – para nós, eles eram deuses. Contudo, a própria banda reconhecia o impacto do Van Halen. "Eles roubavam a cena toda noite", revelou Ozzy à imprensa anos mais tarde. "Eles chutavam nosso traseiro. Mas isso me ensinou duas coisas: meus dias com o Sabbath tinham acabado. E o Van Halen seria uma banda de muito sucesso."

A gente não tinha ideia de que estava roubando a cena. Estávamos mais preocupados com o que *eles* achavam da gente, se

Travessia de barco da Holanda para os Estados Unidos, 1962. Repare na garotinha de cabelos escuros na ponta da mesa – eu achei que teríamos mais do que uma semana.

Onde tudo começou: Eugenia e Jan Van Halen no dia do casamento.

O mestre. Sem os ensinamentos do meu pai, não teríamos chegado a lugar algum. Esta foto provavelmente foi tirada durante o serviço militar dele.

Minha mãe e eu nos divertindo na cozinha em Nijmegen... ao lado do aquecedor de água que quase me matou.

Eu e meu pai no arboreto em Arcádia, pouco depois da nossa chegada à Califórnia. Eu nunca tinha visto um cacto antes – pelo menos não fora de um livro. E nunca tinha visto um espaço aberto como aquele na Holanda. Tudo parecia tão surreal.

Ed e mamãe a caminho de um concurso de piano. A ansiedade começou seis meses antes do evento. E Ed levava sua partitura – que ele não sabia ler!

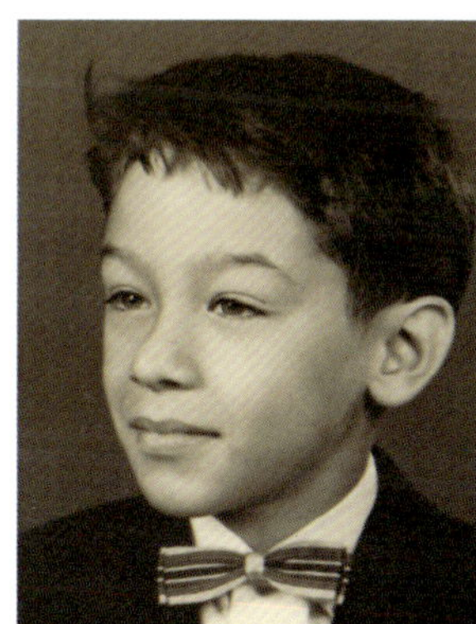

Minha primeira foto escolar. Eu era tudo o que minha mãe sempre quis.

Nosso pai serviu na Força Aérea. Armas e militarismo
fazia m parte do nosso DNA. E eu já amava veículos.

Ed e papai no arboreto.

Nossa banda Trojan Rubber Company, em 1971.
(Costumavam nos dizer que "fumar auxilia na digestão".)

Segunda turnê. Ouvimos falar do Edgewater Hyatt, em Seattle, por meio do Led Zeppelin – era possível pescar direto da janela. E não parávamos até pegar alguma coisa.

Ed tinha sorte de ser magro – qualquer roupa lhe servia.

O Sr. Charles deixou eu me formar em 1969, apesar da *Bull Sheet.* Ed se formaria dois anos depois.

Na véspera do casamento do Ed com a Val. Ficamos bebendo vinho branco com meu pai até não conseguirmos mais conversar... o que não era incomum.

E disseram que não ia durar!

Turnê promocional pela Europa. Sempre havia desculpas para festejar o dia inteiro.

Algumas folhas ao vento! Havia muito tempo ocioso na estrada.

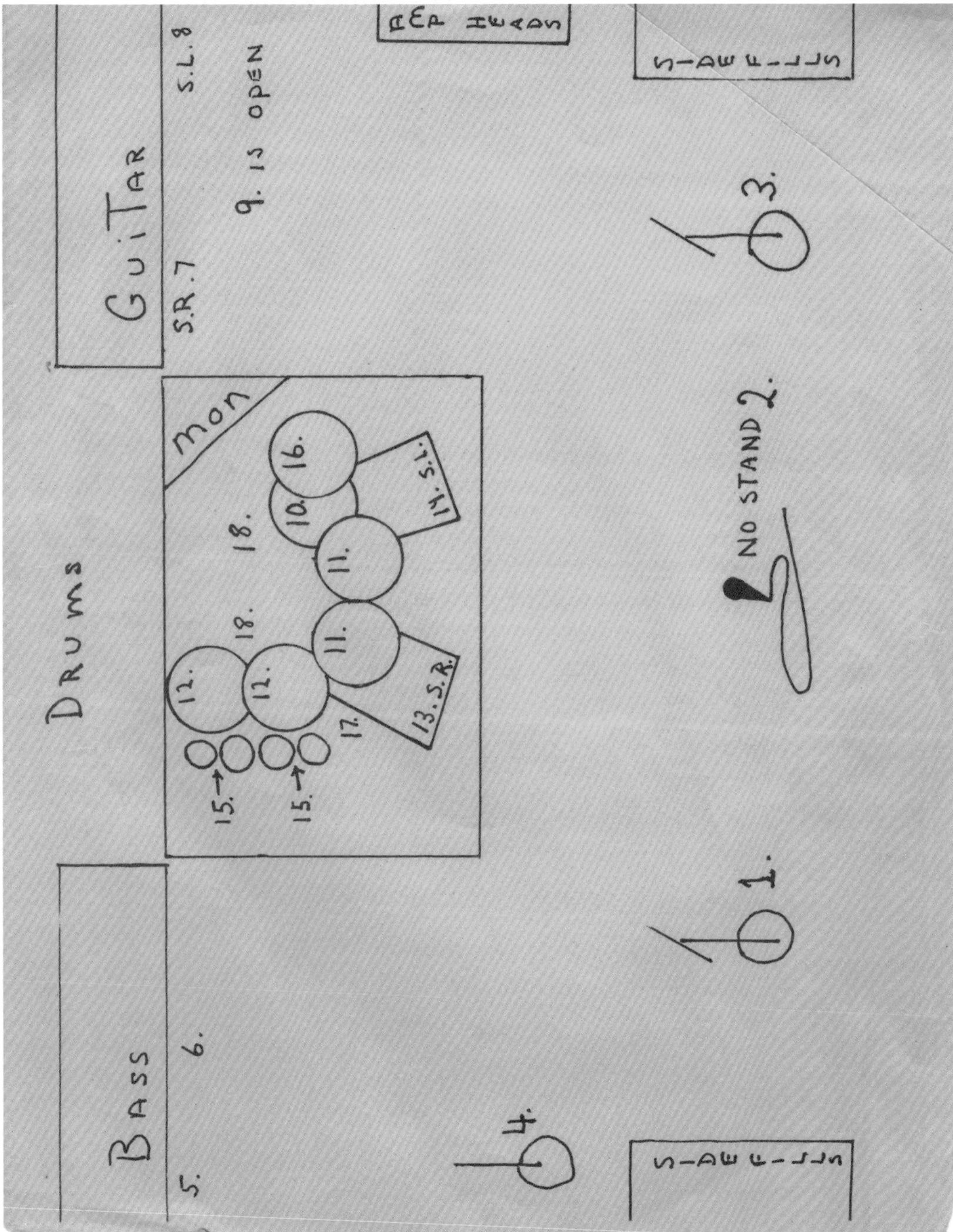

Layout do palco, meados dos anos 1970.

O quarto do Ed naquilo que chamo de "casa de verdade":
o imóvel que compramos para nossos pais em 1979.

Tocando no Mammoth com Mark Stone (à direita), anos 1970.

Aparição em loja de discos.

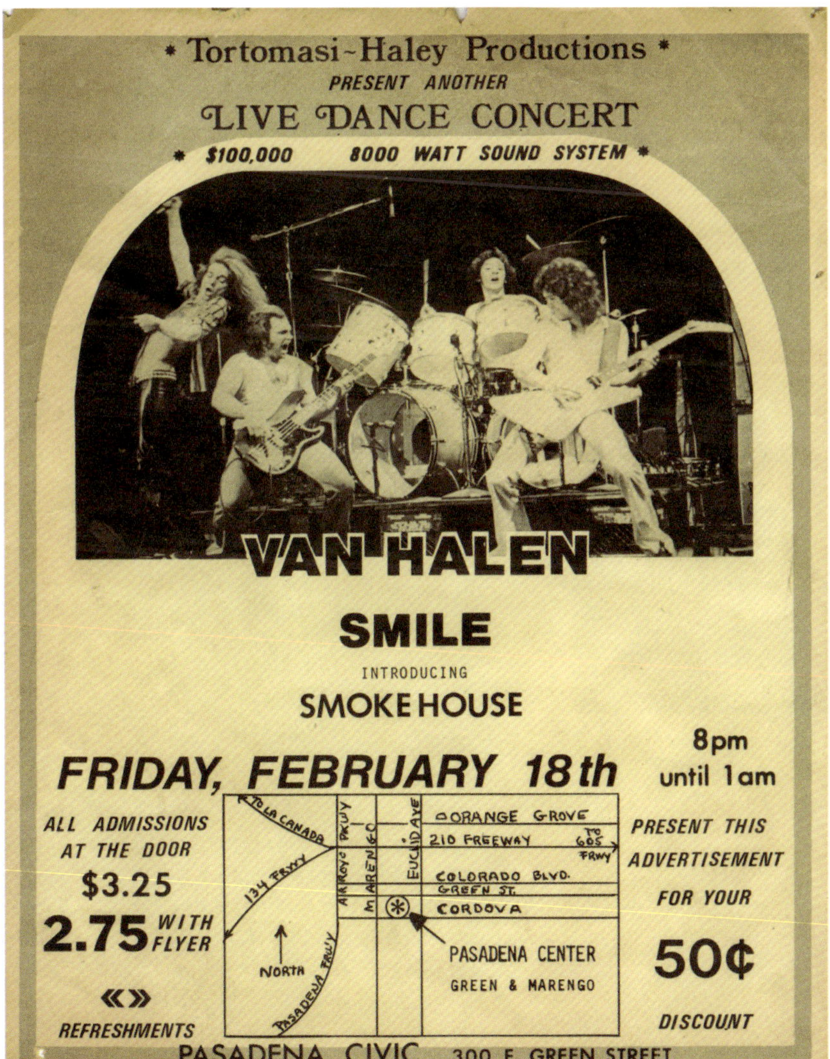

US$ 2,75 para ver um show em 1977... Aquilo que era vida.

O carro de um fã na Holanda, durante nossa segunda turnê. O “vírus Van Halen” começava a se espalhar.

Ed e eu no México, em 1979. Foi ideia do Dave irmos todos ao Club Med. Nos divertimos muito – isso pouco antes de eu ganhar uma competição de windsurfe... e outra de bebida.

Brincando com nossos instrumentos na sala de estar da Las Lunas. Era o que mais fazíamos.

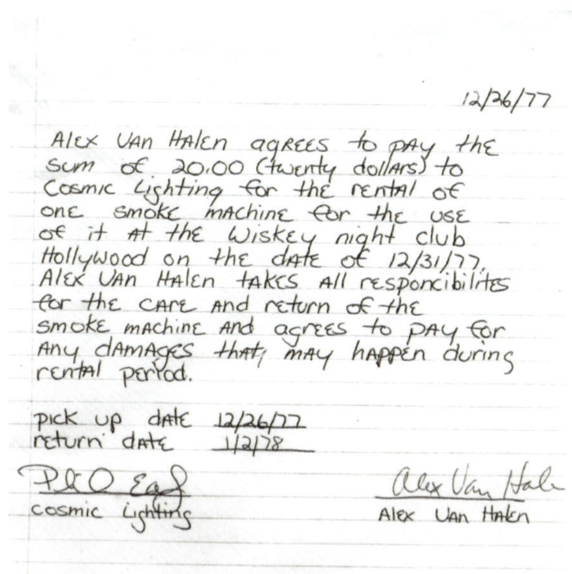

12/26/77

Alex Van Halen agrees to pay the sum of 20.00 (twenty dollars) to Cosmic Lighting for the rental of one smoke machine for the use of it at the Wiskey night club Hollywood on the date of 12/31/77. Alex Van Halen takes all responcibilites for the care and return of the smoke machine and agrees to pay for any damages that may happen during rental period.

pick up date 12/26/77
return date 1/2/78

Cosmic Lighting

Alex Van Halen

Precisávamos de um contrato! Descobrimos isso quando uma escola católica se recusou a nos pagar, alegando ter sentido cheiro de maconha no nosso show. Fomos ao tribunal, e o juiz teve apenas uma pergunta para as freiras: “Como vocês sabem qual é o cheiro da maconha?” Caso encerrado!*

*<26/12/77 // Alex Van Halen concorda em pagar a quantia de 20 dólares à Cosmic Lighting pelo aluguel de uma máquina de fumaça para uso na boate Wiskey (sic) em Hollywood no dia 31/12/77, comprometendo-se a cuidar e devolver a máquina e a arcar com eventuais danos. // retirada: 26/12/77 // devolução: 02/01/78>

A partir da primavera de 1974, a Sunset Strip virou nosso território de caça.

Mamãe e papai: o amor prevalece.

Ed e Al: sempre juntos. (© Lynn Goldsmith / Getty Images)

estávamos à altura. Afinal, eles eram lendas. E foi incrível ver a camaradagem quando saíamos para beber com eles nos pubs. Todo mundo os tratava como caras comuns da vizinhança – e era assim que eles agiam. As diferenças se dissolviam. Nos sentíamos todos iguais. Foi bonito.

Tony Iommi era um dos nossos. Aos 17 anos, ele perdeu as pontas de dois dedos trabalhando numa fábrica de chapas metálicas. Já era um guitarrista apaixonado naquela época. Um homem comum teria desistido: como se toca guitarra sem as pontas dos dedos médio e anelar da mão que *aperta* as cordas? Mas Tony era um teimoso resiliente, como meu pai, que não aceitava um "não" como resposta. Ele deu um jeito: mandou fazer pontas protéticas e se tornou um dos maiores guitarristas da sua geração com aqueles dedos falsos. Impressionante, né?

Todos nós o respeitávamos muito. Mas guitarristas naturalmente se aproximam, e Tony e Ed viraram amigos pra vida toda. "Eu nunca tinha ouvido nada parecido... tipo, 'Caramba, o que é isso?'", disse Tony sobre a forma de tocar do Ed. "A gente se conheceu de verdade naquela turnê. O Ed costumava vir ao meu quarto quase toda noite depois do show. Ou eu ia ao quarto dele. Ficávamos conversando. A gente se divertia muito. A gente realmente se abria um com o outro", continuou Tony. "Tínhamos muito em comum." Nenhum dos dois sabia ler partituras. Ambos eram inovadores, sempre modificando seus próprios equipamentos. E se divertiam muito – tanto como músicos quanto como pessoas. Eram verdadeiros fãs um do outro. "Ninguém toca como ele", disse Tony à *Rolling Stone* logo depois da morte do meu irmão. "Para ser sincero, não consigo parar de pensar nisso... É muito, muito triste."

Ozzy Osbourne era um cara comum por baixo de todo aquele delineador – um sujeito simples. Ele foi ótimo com a gente. Nos convidou para sua casa de campo nos arredores de Birmingham – um dos atributos de uma entidade do rock bem-sucedida. Era uma casinha inglesa de conto de fadas, com um laguinho nos fundos e chamarizes de pato flutuando por ali. Estávamos sentados no quintal, curtindo um dia de descanso, sem falar de negócios nem nada. Porque, olha, a rotina era puxada e, quando você tinha um dia de folga, Deus sabe que você aproveitava. Estávamos ali relaxando quando, do nada, Ozzy entra em casa. Quando volta, está com uma espingarda. Todo mundo finge que não viu. Ninguém comenta nada. Então ele começa a atirar nos chamarizes de pato, explodindo um por um.

Ficamos todos paralisados. Ninguém disse uma palavra. Ele volta pra dentro, guarda a arma e retorna como se nada tivesse acontecido. Foi tipo uma performance artística doida. Eu amo esse homem.

Na manhã seguinte, quando a família acorda, Sharon leva as crianças até Ozzy – desmaiado no sofá – para dar um beijo de boa-noite no papai.

Descobrimos que nosso álbum tinha ganhado disco de ouro enquanto estávamos em Aberdeen, na Escócia. Ficamos completamente malucos. Estávamos hospedados num hotel de luxo – lembro que havia muitos golfistas por lá e muito xadrez (o padrão, não o jogo). Não consigo dar nenhuma explicação lógica para o que aconteceu depois (além do fato de termos descoberto o uísque Glenmorangie na mesma noite em que ganhamos nosso primeiro disco de ouro), mas destruímos completamente nosso quarto de hotel… uma bagunça generalizada, jogando coisas por todo lado, terminando numa batalha épica de extintores de incêndio. (Eu sei: era a nossa resposta para tudo. Comida ruim? Destruir o quarto do hotel. Notícia incrível? Destruir o quarto do hotel. Fazer o quê? A gente não entendia que, embora a Warner Bros.

"pagasse" tudo, no fundo estava pagando com o nosso dinheiro. Mais sobre isso depois.)

Logo descobrimos que Aberdeen não era o melhor lugar para se descontrolar. O gerente do hotel chamou a polícia e, quando eles apareceram, nossa equipe correu para descartar as drogas no vaso sanitário do ônibus… sem saber que não havia encanamento *de verdade* no ônibus: se você joga suas drogas ali, elas continuam ali – só que agora estão nojentas e inúteis, caso a polícia *não* as encontre.

Felizmente – para nós e para eles –, os policiais não revistaram aquele vaso sanitário. Mas eles nos escoltaram até o aeroporto e foram claros: "Nunca mais voltem aqui". E, até onde sei, obedecemos.

CONTINUAMOS EM TURNÊ COM O SABBATH pelos Estados Unidos, o que foi ótimo para nós, porque significava tocar em arenas que, naquela época, jamais conseguiríamos lotar sozinhos. Também pudemos continuar convivendo com os caras do Sabbath, e isso foi incrível. Bebemos *muito* juntos. Acho que o Dave e o Ozzy também cheiraram muita cocaína nessa turnê, mas eu não me envolvia com isso. Sempre fui hiperativo – precisava do álcool para me acalmar. (Usei cocaína *uma vez*, anos depois, no estúdio do Ed, o 5150, e por algum motivo tive uma vontade incontrolável de subir no console – e poderia ter destruído tudo. Foi feio. Quando acabou, lembro do Ed com aquela carinha fofa dizendo: "Al, por favor, promete que nunca mais vai fazer isso". E eu disse: "Ok".)

Tocamos no Summerfest para 56 mil pessoas no Anaheim Stadium, com o Sabbath e a banda Boston. (Se você é mais jovem, talvez nem se lembre do Boston, mas eles eram enormes na época – seu álbum de estreia, lançado em 1976, é um dos mais vendidos da história, e a música "More Than a Feeling" tocava em todo lugar. Era impossível escapar dela.) Abrir para essas duas bandas foi um marco, e Dave teve a ideia de fazermos uma entrada triunfal. (Quem abriu o show? Um cara de quem você provavelmente nunca ouviu falar... acho que o nome dele era Sammy Hagar...)

Foi genial: contratamos quatro paraquedistas de cabelo desgrenhado, parecidos conosco, para saltarem de um avião sobre o estádio enquanto o locutor gritava: "Vindo do céu, o Van Halen está chegando ao estádio!". A galera foi à loucura. Os paraquedas se abriram enquanto os caras ziguezagueavam no ar, tornando tudo o mais dramático possível. Eles pousaram no estacionamento atrás do palco e então nós aparecemos, vestidos como paraquedistas, fazendo todos acreditarem que tínhamos pulado do avião. Uns verdadeiros aventureiros, arriscando a vida por um bom show. Os paraquedistas se saíram bem. Eu, por outro lado, torci o tornozelo ao tropeçar num cabo a caminho do palco, na frente de dezenas de milhares de fãs ensandecidos. Uivava de alegria e dor enquanto arrancava meu paraquedas cenográfico e subia no praticável da bateria.

Nossos pais foram nos ver em Houston, Texas. Lembro muito bem da minha mãe vindo aos bastidores e encarando todas as garotas meio agitadas por ali. Ela se virou para mim e disse: "O que você está fazendo com todas essas *wie wils*?" – basicamente, em holandês, isso quer dizer "devassas". "Achei que você tivesse um gosto melhor." (Não.) Ela também disse: "Alex, beba um copo de leite entre essas 25 cervejas". Claramente, a estrada não era para ela.

Uma tarde em Nashville, durante a passagem de som, de repente todo mundo começou a perguntar: "Onde diabos está o Ozzy?". E o clima ficou tenso. Tipo, meu Deus, será que alguém o sequestrou? Embora não representassem de fato o diabo, o Sabbath explorava bastante essa iconografia, e talvez o pessoal do Cinturão Bíblico* não achasse graça nenhuma nisso. Ficamos apavorados. Sem internet, tudo vinha picado e aos poucos, e você nunca sabia ao certo o que estava acontecendo.

Passamos a noite toda procurando o Ozzy, vasculhando cada escada, até por volta das duas da manhã, e então fomos dormir, preocupadíssimos. No dia seguinte, no café da manhã, quem entra valsando no restaurante do hotel, como se nada tivesse acontecido? Ozzy Osbourne. Ele tinha dormido quase dois dias seguidos – e nem percebeu. Era o Rip Van Winkle** do heavy metal.

Acontece que estávamos em vários Sheratons e, quando chegamos ao hotel em Nashville na manhã anterior, o Ozzy pegou a chave do bolso – da noite anterior, em *outro* Sheraton ou Hilton – e foi até o quarto correspondente. Por sorte, uma camareira estava limpando o quarto e o deixou entrar sem questionar. Ele capotou. Fim da história.

Foi hilário. E, claro, ficamos aliviados por ele estar bem. Ozzy provavelmente estava exausto de tantos dias – e noites – cheirando cocaína com o Dave, em vez de dormir. Eles até tinham um nome para isso: "guerra do krell". Dave chamava a cocaína de *krell* (os Krell eram uma raça alienígena avançada do filme *Planeta Proibido* – acho que Dave se sentia "acima da humanidade" quando estava chapado). Mas, na real, aquilo poderia ter acontecido com qualquer um de nós. Fora do palco, estávamos *exaustos*. Quando você não está tocando, está tentando dormir num ônibus, não tem tempo para si mesmo, vive dando entrevistas e fazendo divulgação... e ainda quer beber e fazer outras coisas. Essas turnês te esgotam.

---

* (N. T.) Região nos Estados Unidos onde predominam valores cristãos conservadores, principalmente no sul e centro do país.

** (N. T.) Personagem de um conto do escritor Washington Irving, publicado em 1819. Ele adormece por 20 anos e acorda sem ter ideia do tempo que passou.

Não ficamos nada felizes quando o promoter exigiu um show extra depois que o Sabbath perdeu o da noite em que o Ozzy "hibernou". Era um dos nossos raros dias de folga e ainda remarcaram o show para o *meio-dia*. Meio-dia não é hora de tocar rock 'n' roll.

"O Van Halen roubou os holofotes do Sabbath todas as noites... esse tipo de ofuscamento quase nunca acontece", escreveu Noel. "Como isso não destruiu o entrosamento entre as duas bandas ao longo de uma turnê de duas etapas... é um mistério."

Na verdade, não é. Músicos que amam o que fazem e levam isso a sério – que vivem para isso – respeitam os outros como almas gêmeas. Não achávamos que estávamos ofuscando ninguém. Era uma homenagem às bandas que vieram antes de nós, que nos inspiraram e nos abriram o caminho. Foi assim que aprendemos a viver – e a ser.

NOSSA PRIMEIRA VEZ DE VOLTA a Amsterdã desde que saímos ainda crianças foi nessa turnê, quando visitamos o norte da Europa. A Cortina de Ferro ainda existia; os países do Bloco Socialista estavam fora dos limites. Mas conseguimos voltar à Holanda – o lugar onde tudo começou para nós.

É claro que, chegando a Amsterdã, todo mundo quis ir direto para o distrito da luz vermelha. Isso é coisa de turista, não de local! Nunca vou entender o apelo de prostitutas nas vitrines. Gente, é a profissão mais antiga do mundo, não tem nada de novo nisso. Mas levamos o pessoal pra passear e todos acharam que tinham entrado num reino mágico.

Tocamos no teatro Paradiso, e minha primeira reação foi: *Sério? Isso aqui é o paraíso? Esse deveria ser o nosso retorno triunfal. E vamos tocar aqui?* Um prédio velho, sem nada de especial. Comparado com os teatros realmente incríveis da Europa onde já estivemos, aquilo era um buraco.

Talvez uns dez parentes tenham ido ao show, dos dois lados da família. Lembro que o Ed e eu estávamos estressados. Precisávamos cumprir as obrigações familiares, dar o nosso melhor e ainda lidar com toda a imprensa holandesa – era demais.

No geral, eu curtia a aventura de conhecer lugares novos e culturas diferentes, mas acho que o Ed sentia falta do conforto do seu quarto, onde conhecia cada centímetro e só precisava pensar na guitarra. Era o ambiente compacto e familiar que deixava sua mente livre e criativa – e isso era o que o deixava mais feliz.

Tínhamos um técnico de guitarra argentino nessa turnê, chamado José Arredondo – um cara maravilhoso. (Lembro de uma piada dele: "Ei, Alex, quando me casei, achei que minha mulher fosse nadadora." "Por que, José?" "Porque eu não via nada de manhã, nada de tarde e nada de noite!" Era o jeito que ele contava que fazia funcionar, juro.) José tinha trabalhado com os Stones, então tinha credibilidade. Isso fazia com que escutássemos com mais atenção o que ele dizia.

Ele convenceu o Ed a construir seu próprio amplificador. Se tivesse um tempo entre viagens, passagens de som e shows, Ed o gastava vasculhando lojas de música, procurando peças que pudesse cortar e reaproveitar para chegar mais perto do som ideal – aquele que, segundo José, ele poderia alcançar caso levasse seu *Frankensteining* ainda mais longe. Ed dizia: "Se eu ouço um som na minha cabeça, não vou parar por nada até conseguir". É verdade. Isso quase o deixava louco – e às vezes quase me deixava louco também.

Podíamos ir a qualquer lugar para fazer compras, beber, comer – ainda éramos praticamente desconhecidos. Uma vez, em um centro de convenções (não lembro onde), o Ed foi pegar uma guitarra no ônibus e não o deixaram entrar de volta. Essa foi nossa única turnê assim.

A Europa, vista de dentro de um ônibus de turnê, parece ser uma coisa só. A língua e as sensibilidades mudam de país para país, mas, da nossa janela – ou do palco –, era difícil notar a diferença. Você podia estar na Bélgica e achar que ainda estava na Holanda – a menos que avistasse a bandeira. "Todos aqueles anos tocando, praticamente de graça, diante de fãs bêbados aos berros, seja em quintais ou em casas noturnas de quinta categoria, tornaram a banda não apenas incrivelmente coesa e eficiente, mas também totalmente destemida", observou Noel. "Você podia colocar o Van Halen em quase qualquer lugar, diante de qualquer plateia, e eles simplesmente fariam o que quisessem. Por isso, eles não se intimidaram com o Le Théâtre Mogador ou com a ideia de tocar para fãs franceses pela primeira vez. De certa forma, era só mais uma noite, só mais um show." Ele tem razão. Não estávamos cansados. Estávamos apenas sendo profissionais. Meu pai nos ensinou: façam o seu trabalho.

Quando chegamos ao Japão, parecia que tínhamos pousado em outro planeta. Não entendíamos uma palavra do que diziam – o que, pra mim, era ótimo. Eu adorava. Quando você não fala a língua de um lugar, acaba encontrando outras formas de se conectar com as pessoas – e, às vezes, isso leva até a uma comunicação mais profunda. O Japão, em 1978, ainda não havia sido tomado pelo capitalismo ocidental – só havia um McDonald's, nada de CNN, nada disso. Infelizmente, chegamos logo depois de um incidente trágico: durante um show do Ritchie Blackmore's Rainbow, alguns fãs foram pisoteados até a morte. Por causa disso, o Japão proibiu temporariamente shows de rock. Depois de um tempo, o governo afrouxou essa proibição e conseguimos tocar, mas com uma condição: o público teria que ficar sentado. Caso contrário, o show seria interrompido. Era assim: senta, cala a boca e ouve. Um jeito bem estranho de se fazer rock 'n' roll. Parecia até nossos antigos recitais de piano, em que dava para ouvir um alfinete cair.

O que compensou tudo isso foi que, certa noite, ao voltar para o quarto do hotel, encontrei uma surpresa: duas garotas japonesas muito atraentes, quase nuas, me esperando dentro do armário. Claro, não ia deixá-las ali sozinhas – seria pura falta de educação. Então foi ótimo. O que já não foi tão divertido foi o pai de uma delas aparecer no hotel no dia seguinte... com uma espada. É sério. Ele me disse que eu havia manchado a honra da família dele e que a única forma de repará-la era me casando com a filha. Estávamos em um país estrangeiro; eu não fazia ideia de quais eram as regras. Olhei para o nosso itinerário e pensei: *Quando é que vamos embora daqui?* Felizmente para a garota, partimos antes que o pai conseguisse organizar um casamento forçado – um casamento *à moda samurai*, nesse caso.

A melhor parte era perceber que, onde quer que a gente fosse no mundo, bastava ligar os equipamentos e começar a tocar para que as pessoas começassem a festejar. Era uma sensação incrível. Você sabia que estava se dedicando ao máximo, não importava onde estivesse. Não importava que você não falasse a língua, porque a música é universal. Assim como a juventude.

FOI NESSA PARTE DA TURNÊ, NO JAPÃO, que percebemos que, por mais que Marshall Berle fosse um cara engraçado, ele não tinha o que era necessário para levar o Van Halen tão longe quanto pretendíamos. Tínhamos uma reunião marcada com umas pessoas interessadas em nos filmar e precisávamos negociar um acordo. Chegamos à reunião – em uma daquelas salas impecáveis, em que você tem medo de tocar na mesa brilhando ou de pisar no carpete perfeitamente limpo – e a primeira coisa que Marshall disse aos cavalheiros japoneses foi: "Ok, eu sei que vocês fazem bons aparelhos de som. Me deem alguns desses aí." Ficamos chocados. Jesus, Marshall: primeiro fecha o negócio com os caras!

Isso nos leva ao maior pecado do Marshall: *ele* estava nos filmando o tempo todo. Até aí, tudo bem. Ele tinha uma câmera Super 8 e, sempre que aparecia para nos ver na estrada, filmava o que estivesse rolando – inclusive uma certa dose de sexo, drogas e, claro, rock 'n' roll. Novamente: nenhum problema. O problema foi ele achar, por algum motivo que só ele sabia, que seria uma boa ideia mostrar essas filmagens para todo mundo da Warner Bros.

Acho que ele queria impressionar o pessoal da gravadora, mostrar o quanto ele estava por dentro da vida selvagem da estrada. Vai saber. Mas, pra nós, ficou claro: Marshall não tinha discernimento sobre o que era apropriado – ou sobre o que era do interesse da banda. Dissemos que não contaríamos mais com os serviços dele.

A propósito, não guardo ressentimentos. Vi o Marshall pela última vez na Flórida, onde ele mora hoje. Ele ainda me faz rir. Mas a verdade é que ele não era o cara certo para nos levar aonde sabíamos que chegaríamos.

O problema de contratar "os caras certos" é que, sim, eles até sabem como tocar os negócios – mas pode apostar que vão tirar uma boa fatia do que deveria ser seu. Aí você pensa: *Quer saber? Vou me autoempregar.* Só que, nesse caso, você perde a parte que o "cara certo" teria roubado de você... porque não faz ideia de como o negócio funciona!

O Dave, em especial, gostava de estar no controle de cada minúcia. Acho que o pai dele disse uma vez: "Se você tem um negócio, precisa entender todos os aspectos dele". Dave interpretou isso como: Você precisa controlar *tudo* pessoalmente, mesmo que não entenda nada do assunto. (Não acredita em mim? Acredite no que ele mesmo disse: "Desde o começo, com os *tour books*, camisetas e essas coisas que levávamos para a estrada, contratávamos outras empresas, mas eu supervisionava tudo. Aprovava tudo. Me envolvia em todos os níveis. Não era tipo: 'Tá aqui o layout pronto, o que você acha?' – eu aprovava até os acetatos, os tons de cor, escolhia os patches... tudo." A palavra-chave aqui é "sempre": ele deixava todo mundo *louco*.) Mas não era só o Dave, para ser justo. Todos nós éramos jovens, ousados, e pensávamos: "Claro que vamos cometer erros, mas pelo menos vamos investir do *nosso* jeito, naquilo em que acreditamos". Tentamos. Mas não dá: não existem horas suficientes no dia para contratar a banda, promover a banda, gerenciar a banda e *ser* a banda.

Então, por insistência do Dave, promovemos Noel Monk de tour manager a empresário de fato. Com duas condições: ele teria que usar terno; e, com o terno, usar... um tapa-olho. Noel pensou por um segundo e respondeu: "Beleza. Qual olho?"

Era divertido ter o Noel por perto. Ele era fascinado por armas e segurança – sua ideia de uma boa leitura era a revista *Soldier of Fortune*.* Ele conhecia nove maneiras de matar uma pessoa usando apenas os mindinhos. Um dia, fui com o Ed e nosso pai ver a casa nova do Noel. Ela tinha *câmaras de descompressão* entre os cômodos, para o caso de um intruso aparecer. E um cofre gigantesco embutido na parede. Ele nos mostrou orgulhosamente enquanto tomávamos umas cervejas. Mas aí ele ficou mexendo na combinação por um tempão, e começamos a perceber que, se a gente esticasse mais um pouco, ninguém ia ter condição de dirigir pra casa, de tanta cerveja.

---

* (N. T.) Revista americana voltada ao público militar e paramilitar, popular entre veteranos de guerra, entusiastas de armas e mercenários. Ficou conhecida nos anos 1980 por seu conteúdo voltado à segurança privada, sobrevivencialismo e combates armados.

Falamos:

– Acelera aí, Noel. Você não anotou a combinação em algum lugar?

E ele:

– Anotei, sim. Mas o papel tá dentro do cofre.

Pois é. Esse era o nosso "gênio organizacional", o homem que colocamos no comando dos nossos negócios. Foi vergonhoso. Nosso pai balançava a cabeça e dizia: "*Tsjonge, jonge, jonge*". Em holandês: "Pelo amor de Deus!" Tipo: "No que vocês foram se meter?"

O Noel achava que sabia tudo sobre camisetas e merchandising só porque os pais dele trabalhavam na indústria têxtil. A coisa mais idiota que já ouvi. Quer dizer… tirando o fato de que a gente acreditou! HA!

Anos depois, o próprio Noel admitiu que, ao nos gerenciar, ele estava metido numa enrascada. Ele não tinha nenhuma qualificação para o cargo. Morreu em 2022. Mais um que se foi. Descanse em paz, Noel. Você foi um péssimo empresário, mas um cara divertido. Te vejo do outro lado.

A verdade é que não tínhamos tempo de pensar sobre tudo. Aliás, de pensar em *qualquer coisa*. Saímos direto da casa onde crescemos, em Pasadena, para uma turnê mundial com o Black Sabbath. De repente, estávamos na estrada, crescendo cada vez mais, bombando. Em questão de meses, nossas vidas foram completamente transformadas. Do ponto de vista musical, estávamos prontos para o grande momento, mas, em todos os outros aspectos, não fazíamos ideia do que esperar ou de como lidar com o que nos era apresentado. Ainda éramos inexperientes.

Tínhamos um show marcado em casa, na Long Beach Arena, para depois da volta do Japão. Para nossa surpresa, os ingressos esgotaram quase imediatamente. *Gente, esgotamos a Long Beach*

Arena em menos de uma hora – como assim?! Bem, eles decidiram inverter a proporção usual de público por palco; foi isso. Olhando para o pôster daquele show hoje, percebo que prometiam um show "intimista no estilo anfiteatro". (Também reparei que os ingressos custavam US$ 7,50. Ah, os anos 1970…) Num dos primeiros exemplos do nosso alto astral e da nossa genialidade em marketing, começamos imediatamente a nos gabar de que teríamos os maiores bastidores do planeta! Negativos podem virar positivos bem rápido se você mantiver a mente aberta e souber mudar de perspectiva. Não estamos recuando, estamos apenas avançando em outra direção!

Acho que outro nome para isso é "babaquice". Da qual não estávamos a salvo. Dave nos convenceu a todos a mentir sobre nossas idades. Disse que pareceríamos ainda mais impressionantes se fingíssemos ser um pouco mais jovens. Talvez tenha funcionado, quem sabe. ("Isso ainda me causa problemas até hoje", reclamou Ed anos depois. "Eu deveria ter percebido quando Roth disse: 'Vamos dizer que somos dois anos mais novos do que realmente somos'. E eu respondi: 'Por quê? Tenho só *22 anos*.'")

Naquele verão, abrimos para os Rolling Stones. 13 de julho de 1978, no Superdome de Nova Orleans – o mesmo lugar onde, anos depois, abrigaram pessoas desalojadas pelo furacão Katrina. Público enorme. Enorme. Obviamente, foi um momento incrível para todos nós. Mas ninguém era mais fã dos Stones do que meu roadie Gregg. (Aliás, nunca o chamei de meu roadie; eu o chamava de "meu associado".) O que o Led Zeppelin era para nós, os Rolling Stones eram para o Gregg. Na noite anterior ao show, estávamos no hotel, curtindo, bebendo. Gregg e eu estávamos fazendo merda, como sempre – uma versão mais branda dos caras do *Jackass*. Estávamos fazendo aquela brincadeira em que você finge bater contra a parede, mas para de repente. Só que o Gregg esqueceu de parar. No dia seguinte, ele acordou com o rosto todo inchado – parecia em carne viva.

Fomos fazer a passagem de som. Tínhamos acabado de voltar do Japão e eu tinha uma bateria nova que comprei lá: os Octobans. Quando chegamos ao local, vi um carinha agachado atrás da minha bateria. Estava prestes a gritar com ele, mas então ele se levantou – era o Mick Jagger.

Ele não poderia ter sido mais simpático e acolhedor. Depois de trocarmos algumas palavras, eu disse: "Sr. Jagger, meu colega Gregg é seu fã número um. O senhor se importaria em dar-lhe um alô?" E, claro, ele foi um cavalheiro. Fomos até o Gregg e eu fiz as honras. Bem, os dois olhos do Gregg estavam inchados e fechados, e ele estava de óculos escuros – não conseguia ver nada. Estendeu a mão para o meio do nada. Seu ídolo estava parado a meio metro dele e ele não conseguiu vê-lo. Não conseguiu apertar sua mão. Perdeu o momento. A história da vida do Gregg.

Stine e eu fomos visitá-lo em 2005, cerca de seis meses antes de eu receber a ligação dizendo que ele tinha se suicidado. Naquele dia, não percebi nenhum sinal de alerta. Ele me deu todas as recordações do Van Halen que acumulou ao longo dos vinte e poucos anos em que trabalhou com a banda. (Tivemos que dispensá-lo depois que fiquei sóbrio, em 1987. Eu não conseguia mais conviver com alguém que vivia à base de shots e cerveja Schlitz – e Gregg não queria ou não conseguia parar.) Naquele dia, ele me entregou uma pilha enorme de pôsteres, camisetas, Polaroids e passes de bastidores dos anos 1970 e 1980, e rimos muito revendo tudo. Conversamos sobre tudo o que tínhamos vivido.

Eu não suspeitei de nada. Mas, analisando agora, fica claro que ele estava fechando ciclos, preparando-se para se despedir.

Esse é mais um cara de quem sinto falta. Vejo você do outro lado, Gregg.

O *VAN HALEN* GANHOU DISCO DE PLATINA EM OUTUBRO, enquanto estávamos na Alemanha com o Sabbath. O disco permaneceu nas paradas por mais de três anos. A *Rolling Stone* o incluiu em sua lista dos cem maiores álbuns de estreia da história do rock 'n' roll. Ultrapassamos a marca de dez milhões de cópias vendidas em 1996. E eu *ainda* ouço essas músicas no rádio quando estou dirigindo.

No fim das contas, é só isso. Você não pode levar fama nem dinheiro com você quando vai embora. O maior privilégio da vida é criar algo maior do que você – algo que tenha vida própria, independentemente de você. Tudo o que Ed e eu podemos esperar deixar para trás são nossos filhos e nossa música.

DEZ

> A desvantagem de ser um astro do rock é que sua vida privada acaba – mas sua vida sexual decola. E você precisa dar entrevistas. Eu odeio dar entrevistas.
>
> ***— Edward Van Halen, em... uma entrevista***

Quando voltamos para Pasadena, a molecada nos seguia pelas ruas pedindo autógrafos. Houve um momento em que Ed e eu nos olhamos e um de nós – não lembro se ele ou eu – disse: "Agora eu entendo como o Elvis deve ter se sentido". É claro que isso é um exagero, mas foi o que pareceu para nós, comparado com a vida que tínhamos antes daquela turnê.

De repente, não dava mais para ir ao cinema, nem a uma loja, nem a lugar nenhum. Era uma experiência esquisitíssima – estranha e, ao mesmo tempo, perturbadora. Pessoas que você nunca viu na vida te perseguindo só para você assinar um pedaço de papel? Isso é bizarro. As pessoas reagem à fama de maneiras muito diferentes. Algumas nos idolatravam; outras sentiam inveja e achavam que não merecíamos o que tínhamos conquistado. "Muita gente que nem me conhece me odeia, porque acha que sou um filho da puta egocêntrico, mas eu não sou", insistia Ed. "Isso foi algo que eu realmente nunca esperei." Aquilo o afetava de verdade. Como eu disse: ele era *sensível.*

Nossos pais demoraram a entender o que estava acontecendo – a perceber que tudo havia mudado. Minha mãe, sempre focada em respeitabilidade e realização intelectual, não se entusiasmava muito com certos aspectos da nossa reputação. Ainda nos dizia: "Vistam um terno!", ou até "Arrumem um emprego!" (Irônico, considerando que todos os homens da vida dela estavam justamente na única profissão em que se pode ficar rico e famoso sem jamais usar um terno.) Nosso pai, por outro lado, estava obviamente orgulhoso e feliz por termos nos tornado o que ele sempre quis que fôssemos: músicos.

Mas também entendia como sucesso e fama são coisas voláteis. Num minuto, suas músicas estão tocando em todos os carros da Califórnia; no outro, você pode estar de volta à fábrica, fazendo ferramentas para sobreviver. Ele sabia que tudo aquilo podia desaparecer de uma hora para a outra – e o fato de *não ter* desaparecido não significa que *não pudesse.*

Dave esperou a vida inteira para ser famoso. Certa vez, me disse: "Estou ao vivo desde o momento em que acordo". Era assim que ele funcionava. Ele *precisa* de atenção como qualquer um precisa de água: para viver. Sempre acreditou que a fama era seu destino, e acho que ele estava certo. Noel escreveu que Dave "sempre foi, como dizem, uma lenda em sua própria mente, e, quando o estrelato e o sucesso autênticos vieram, ele se entregou a eles como a uma droga".

Ele *adorava* dar entrevistas, coisa que Ed e eu evitávamos a todo custo. Para nós, música é para ser tocada, não dissecada: somos músicos, não teóricos. Como Ed disse uma vez – adivinha onde? – em uma entrevista: "Tudo o que tenho a dizer está nas notas. De verdade. Eu expresso muito mais tocando do que falando."

Mas Dave *adorava* falar – sobre si mesmo, sobre o Van Halen, artes marciais e maconha, filosofia e fornicação, gaitas de fole e escapamentos. ("Já comecei entrevistas dizendo: 'Que bom que você veio, tenho umas coisas para te contar'", disse ele.) Ele gostava mesmo do som da própria voz. E, pra falar a verdade, eu também gostava, muitas vezes. "Acho que as duas coisas mais difíceis de lidar na vida são o fracasso e o sucesso." Frase clássica do Dave: meio espirituosa, meio filosófica e meio besteira. (A morte do meu irmão foi muito mais difícil de lidar do que qualquer uma dessas.) "A razão pela qual todos os críticos odeiam o Van Halen e gostam do Elvis Costello é porque todos eles se parecem com o Elvis Costello." Existe alguma verdade nisso? Claro. Mas por que Dave precisava ofender logo quem escrevia sobre a banda, nunca saberei. (Além disso, se o objetivo era criticar os críticos, ninguém supera Frank Zappa: "Jornalismo de rock é feito por pessoas que não sabem escrever, entrevistando pessoas que não sabem pensar, para escrever para pessoas que não sabem ler". Provavelmente ele estava insultando a todos nós, mas, vindo do Zappa, eu aceito. Enfim, voltando ao Dave...) "Eu não sou convencido. Presunção é um defeito, e eu não tenho defeitos." Dave entendia que ser provocador, escandaloso, até desagradável, fazia parte do jogo do entretenimento.

Chocar, fazer e acontecer era uma vantagem. Você vê os Chili Peppers pulando pelados, pintados de prata... não dá pra resistir. É divertido! É estranho! É ridículo! E te dá permissão para se livrar das amarras da sociedade. Esse é o espírito do rock 'n' roll: o desafio. Trata-se de libertar o ser humano da sua jaula. E, claro – como toda performance –, esse comportamento tem a ver com chamar a atenção. Pergunte ao Kanye. Pergunte ao Elon

Musk! Hoje em dia, até políticos seguem essa cartilha: dizem ou fazem as maiores loucuras só para sugar mais um pouco da energia coletiva.

Ed e eu só queríamos tocar pelo resto da vida – e não precisar fazer mais nada para bancar isso. "Pra ser honesto, não curto muito esse lance de ser astro", dizia Ed, e ele não estava brincando. "Nem me considero um astro do rock. Gosto de tocar guitarra. E ponto."

A fama vinha como consequência. Quando imaginávamos esse futuro, não entendíamos o que ele realmente envolvia. "O que eu sonhava era que seríamos famosos", disse Ed certa vez. "Mas não que eu andaria na rua e as pessoas gritariam: 'Ei, é ele!'. Não assim. Queria que as pessoas *gostassem da nossa música*. Eu adoraria ser invisível – só tocar."

Para Dave, era o contrário: a fama era o objetivo! Ele teria sido feliz como diretor ou ator de cinema – tanto fazia, contanto que as pessoas estivessem prestando atenção no Diamond Dave. Ele tirou a ideia de ser músico de nós! "Fomos a um lugar onde eles estavam tocando. Eles deviam ter uns 15 ou 16 anos – Eddie e Alex tocavam desde cedo. Era um lugar pequeno, mas estava lotado", disse um amigo do Dave num documentário sobre nossos primórdios. "Acho que foi ali que Dave decidiu que queria ser um astro do rock, quando viu aquela energia toda." A adulação, a atenção, a *vibe*: foi *isso* que o atraiu. Como meu irmão disse à *Rolling Stone*: "Eu sou músico. O Dave é um astro do rock."

Mas a banda precisava dos dois. Um vocalista que gosta de atenção não é nenhum problema. Acho que Noel Monk quis ser depreciativo quando escreveu: "Cada vez mais, eu via David posando a cada oportunidade. Não só no camarim antes do show, mas sempre que passava por um espelho ou janela. Eu o via fazendo pose, jogando o cabelo para trás e contraindo as bochechas feito um modelo." Claro, eu sei do que ele está falando. Se você convive com o Dave e tem olhos, você nota isso. Mas isso fazia parte do trabalho dele! A aparência é o primeiro ponto de contato com o público. A vaidade do Dave e seu fascínio por si mesmo não me incomodavam naquela época. Para mim, aquilo era quase profissionalismo.

Sim, Ed e eu brigávamos com ele o tempo todo. E brigávamos entre nós *por causa dele* o tempo todo. Mas, naquele momento, ainda éramos um time. "Havia sempre aquela rivalidade amigável e as alfinetadas, mas depois voltávamos ao nosso canto e comentávamos: 'Nunca te vi tocar tão bem'", escreveu Dave. "Ou provocava: 'A melodia te deu um nó, né, parceiro?'. Isso era mútuo, furioso e constante. Houve conflito desde o primeiro dia."

Ele acrescentou: "Mas era saudável. Para mim, era como dar um tapa no capacete do outro antes de um jogo de futebol americano. É uma forma de apoio. É assim que você demonstra carinho."

IMEDIATAMENTE APÓS A TURNÊ, o pessoal da gravadora nos disse para voltar ao estúdio. Não dava para tirar um tempo? Umas pequenas férias? Não. "Basicamente, tínhamos três semanas restantes naquele ano para terminar nosso segundo disco", disse Ed. "Gravamos *Van Halen II* porque era o que eu já tinha escrito." O álbum era composto pelas músicas que tínhamos gravado na nossa demo e que ficaram de fora da seleção final do primeiro disco. Felizmente, ainda havia material de qualidade.

Não era apenas uma questão contratual com a Warner Bros. – eles nos disseram que *devíamos um milhão de dólares*, dinheiro que haviam adiantado para a turnê e que, misteriosamente, não foi coberto nem mesmo por todas as vendas de discos. Isso foi um choque. Havíamos vendido dois milhões de cópias! Perguntei a Ted Templeman: "Se tivéssemos vendido vinte milhões de discos, estaríamos devendo dez milhões a vocês? Como é que a conta funciona?"

Nosso primeiro álbum foi disco de ouro, depois de platina. Estávamos ralando. E ainda assim... *devíamos dinheiro*?

Como logo descobrimos, a banda paga por *tudo*: palco, iluminação, equipe de turnê, locações, advogados, empresários, hotéis, bufê, contas de bar – o que for. Quanto mais você ganha, mais você deve. E, se o seu contrato com a gravadora for ruim e você receber uma ninharia por disco vendido, sobra quase nada. Foi aí que começamos a perder a inocência, entende?

O dinheiro também era um dos motivos pelos quais ainda morávamos com nossos pais em Pasadena depois de anos. "Morar" é modo de dizer: vivíamos na estrada. Não tínhamos condições de comprar uma casa, mas, pensando bem, não faríamos uso dela. Quando não estávamos em turnê, passávamos vinte horas por dia no estúdio, gravando o próximo álbum – e, assim que ficava pronto, já voltávamos para a estrada. Teve época em que eu me sentia um vampiro que nunca via a luz do dia. Há uma velha piada sobre como a indústria musical trata os artistas: como cogumelos – mantendo no escuro e alimentando com merda.

Uma das vantagens de ainda morar com nossos pais era que eu podia ouvir tudo o que acontecia na casa. Assim, eu sempre sabia o que o Ed estava aprontando musicalmente. Eu gritava, incentivando: "É isso! Vai nessa! Faz de novo!" – porque, quando você está criando algo novo, às vezes nem sabe se é bom. Ter alguém por perto te animando ajuda a manter a confiança. Faz você sentir que está indo a algum lugar. "Alex, eu, minha mãe e meu pai formamos uma família muito unida; eu praticamente toco para agradá-los", disse Ed certa vez a um entrevistador. "Para receber o selo de aprovação deles: 'Boa, gostei disso!'. Isso significa mais para mim do que vinte mil pessoas aos berros em uma arena."

Era evidente que nosso pai estava se sentindo solitário agora que não estávamos mais por perto. Tentávamos passar o máximo de tempo possível com ele quando não estávamos no estúdio. "Vamos aposentá-lo e comprar um barco para ele pescar", disse Ed a Steve Rosen na época (eles gravaram uma entrevista no início de 1979, logo após encerrarmos nossa primeira turnê – dá para ouvir no YouTube, com Ed dedilhando seu violão e dando a Steve uma prévia das faixas do *Van Halen II*). Parecia o plano perfeito: passar o dia na água, com uma cerveja na mão, vendo as nuvens no céu. Acabamos comprando um barco de madeira que podia naufragar a qualquer momento, mas adorávamos aquela coisa. Demos a ele o nome de *PT109* – quando éramos crianças, assistimos a um filme com esse nome, sobre o período em que John F. Kennedy serviu na Marinha antes de se tornar presidente. Ele era comandante de um torpedeiro chamado *PT-109*. Íamos em bando com nossos amigos, nosso pai e com um motor Evinrude de quarenta cavalos, pescar por horas a fio em Redondo ou no Lago Castaic – só curtindo a vida e, infelizmente pra mim, fazendo esqui aquático.

Gregg pilotava o barco e me lançava pelas curvas feito um doido. Eu adorava, era incrível. Até que, numa tarde, estávamos a quase 100 km/h e eu caí. Bati na água com tanta força que parecia concreto. Estávamos todos bebendo havia horas, e Gregg e nosso outro amigo nem notaram que eu tinha afundado.

Quando voltei a mim, estava de barriga pra cima, olhando pro céu. Por sorte, o colete salva-vidas fez seu trabalho e manteve minha cabeça fora da água antes que eu apagasse de vez. Lá pelas tantas, os caras notaram e me puxaram de volta pro barco. Eu não sabia na hora, mas tinha quebrado o pescoço. A fratura cicatrizou de forma errada e me causou dor por anos – acabei desmaiando por causa disso antes da turnê de 1995. Mas em 1979, quando aconteceu, eu ainda achava que era imortal. Essa é a questão de ser jovem: você acredita que nada pode te derrubar – e, na maioria das vezes, está certo.

TÍNHAMOS PRESSA PARA GRAVAR *Van Halen II* no Sunset Sound. Gravamos dez músicas em quatro dias e nos divertimos demais no processo. Nunca fazíamos mais do que três ou quatro takes, porque depois disso você perde o clima e fica artificial. Gravar ainda era uma novidade empolgante – como tudo o que você está aprendendo a fazer. Mas também já conhecíamos o estúdio, o mesmo do nosso disco de estreia, e isso nos deixava mais à vontade – tanto com o espaço quanto com Donn Landee e Ted Templeman, nossos parceiros na Warner Bros.

Como eu disse, ainda tínhamos algumas músicas antigas nossas para trabalhar: havíamos gravado uma versão de "Beautiful Girls" na demo (o título original era "Bring on the Girls", mas estávamos ficando mais refinados. HA!). Criamos a música "Outta Love Again" antes mesmo de Mikey entrar na banda. Um dos meus momentos favoritos naquele disco é o "solo de guitarra" dessa faixa – que, se você ouvir com atenção, é muito mais um dueto, um dueto de rock 'n' roll entre guitarra e bateria. "Você tem que encontrar sua própria voz", meu pai sempre dizia sobre ser músico. Cada um de nós tinha a sua, mas juntos criávamos uma outra, única. Não estou tentando me gabar quando digo que ficaria muito surpreso se alguém conseguisse replicar o nosso som – a nossa voz como irmãos. Não estou dizendo que somos os melhores, ou melhores do que ninguém! Estou dizendo que soamos como nós mesmos no dueto de "Outta Love Again". Minha contribuição é uma batida quase jazzística, mas com swing e pegada de rock. Fico mais feliz com o que Donn fez aqui do que com qualquer coisa do nosso primeiro álbum, porque sinto que sou eu em toda a bateria – e dá para ouvir tudo: ele posicionou os microfones de um jeito que faz a bateria soar real, dá pra escutar até os projéteis tilintando. E o Ed? Tudo o que posso dizer é que ele soa como meu irmão. Nosso som em conjunto era uma expressão – ou melhor, uma extensão – da nossa relação.

Algumas músicas simplesmente surgem no estúdio. Foi o caso de "Dance the Night Away" – nunca foi uma das minhas favoritas, pop demais para o que considero ser o verdadeiro som do Van Halen, mas ainda assim foi um grande sucesso e, mais importante, agradou às garotas. ("Light Up the Sky" estava muito mais próxima da minha ideia do que deveríamos estar fazendo sonoramente.) Dave escreveu a letra ali mesmo, com base em uma história real: uma vez vimos uma garota bêbada no estacionamento do Walter Mitty's dando uma rapidinha com o namorado. Quando terminaram e já estávamos tocando, ela apareceu na primeira fila, dançando como se não houvesse amanhã – com as calças do avesso! "*A live wire, barely a beginner, but just watch that lady go/ She's on fire, 'cause dancin' gets her higher than anything else she knows.*"* Era ela, sem dúvida. Dave originalmente havia escrito o refrão como "*Dance, Lolita, dance*". Foi Ed quem disse: humm, talvez seja melhor dizer "*Dance the night away*". Bem melhor.

Fizeram a sessão de fotos para o álbum antes mesmo de gravarmos e, se você olhar aquela foto maluca do Dave na contracapa – com as pernas voando para os lados enquanto ele flutua no ar, vestindo aquelas calças listradas de vermelho e branco, ainda segurando o pedestal do microfone –, verá o momento pouco antes

* "Cheia de vida, mal começou, mas observe aquela mulher dançar/ Ela está em chamas, porque dançar a leva mais alto que qualquer outra coisa que ela experimentou".

de ele bater com força no chão com seus Capezios* e quebrar o pé. Por isso, ele estava de muletas quando gravamos "Somebody Get Me a Doctor", e havia algo hilário em vê-lo cantar aquela música, inclinado sobre o microfone, apoiado numa muleta. "A lesão dele só aumentou a *vibe*", como disse Ted. Na contracapa do álbum, colocamos uma foto do Dave com a bengala e o pé enfaixado, conversando com algumas enfermeiras.

Ted estava muito mais satisfeito com o vocal do Dave agora que provamos que o público não se importava. "A reverberação na voz de Dave ficou ótima. Acho que usamos a câmara de eco do Sunset Sound para os vocais dele", escreveu Ted. "Isso deu a ele um tom solitário, como se estivesse gritando por socorro." Lembrem-se: menos de um ano antes, Ted odiava tanto os vocais de Dave que queria tirá-lo da banda. Foi uma grande virada.

Mais importante ainda, *nós* ficamos muito mais satisfeitos com o som do álbum depois que ele foi mixado e finalizado. "Este disco, para mim, soa mais pesado que o primeiro – o som geral é muito mais encorpado", disse Ed a Steve Rosen logo após as sessões de gravação. Era exatamente isso que queríamos. Desta vez, Donn e Ted tinham uma ideia mais clara do que isso significava para nós. "Estou muito feliz com este disco porque ele soa como o Van Halen – são três instrumentos e vozes, com pouquíssimos *overdubs* e um som bem ao vivo", continuou Ed. Soar no disco como soávamos ao vivo era motivo de orgulho para nós. Ed nunca quis fazer *overdubs* que não pudesse reproduzir no palco; para ele, isso soava como trapaça. Além disso, ele odiava tocar separado de nós: "É diferente de tocar com os caras; não tem sentimento nenhum para me guiar. Preciso me alimentar deles para tocar bem."

* (N. T.) Capezio é uma marca americana de calçados, especialmente conhecida por calçados de dança. Usada aqui para indicar sapatos apropriados para performances.

Ted e Dave acabaram se alinhando bastante nesse álbum. Eles decidiram que deveríamos gravar "You're No Good" – música de Betty Everett, que Linda Ronstadt havia regravado com muito sucesso em 1975. Nunca entendi por que colocar isso num álbum do Van Halen. "Se já foi um sucesso uma vez, você já está na metade do caminho" – essa era a lógica de Ted. Mas eu não gostei de ter um cover como primeiro single do nosso segundo álbum. Aquela música naquele disco ainda me incomoda.

Ted tinha acabado de emplacar um hit número um com outra artista, Nicolette Larson (que depois faria backing vocals para nós), fazendo um cover de "Lotta Love", de Neil Young. Nós também gravamos a nossa versão – de brincadeira. Mantivemos o estilo disco, mas mudamos a letra: "*It's gonna take a lotta drugs, to get much higher than we are/ It's gonna take a lotta drugs/ Where's that fucking bar?*"* Você entendeu a ideia. (A melhor parte foi quando trocamos "*My heart needs protection/ And so do I-ay-ay-ay-ay*" por "*My nose needs perfection/ Not Emerald Dry-ay-ay-ay-ay*".** Emerald Dry era o vinho branco que Ted sempre bebia.) Quando ouço aquela gravação, ainda dou risada e me lembro de que Ted também tinha senso de humor.

Ele morava em Pasadena e nos recebeu em sua casa na véspera do Ano-Novo de 1978 para 1979. Era uma mansão típica, impecável, parecia um escritório de advocacia: móveis de couro, luminárias penduradas sobre a mesa. Ed pegou o violão Ramírez que Ted havia comprado numa viagem à Europa no início dos anos 1960. "Sentamos no sofá e eu o observei tocar uns *licks*",

* "Vai precisar de muita droga pra ficar mais chapado do que a gente/ Vai precisar de muita droga/ Cadê aquele maldito bar?".

** "Meu coração precisa de proteção/ E eu também-ay-ay-ay-ay" e "Meu nariz precisa de perfeição/ Não de Emerald Dry-ay-ay-ay-ay".

lembrou Ted. "Não consegui acreditar na força do som que ele tirava sem amplificador. Foi tão impressionante quanto quando ouvi 'Eruption' pela primeira vez." O que ele tocou naquela noite não era exatamente "Spanish Fly", mas trazia aquelas sequências e padrões de acordes que soavam como um rumo totalmente novo em relação a "Eruption". Ed jamais ficaria satisfeito repetindo a mesma coisa. Ele queria evoluir! "Aquela noite só reforçou a minha crença na genialidade musical de Ed", continuou Ted. "Antes de conhecê-lo, eu teria pensado que certas coisas não eram possíveis em um violão. Ed era um verdadeiro gênio musical. Ele podia pegar qualquer instrumento e tocá-lo. Quando pegou um instrumento de palheta no estúdio – poderia ter sido um fagote –, eu pensei: *Cara, ele nem está tocando um instrumento de cordas e ainda assim está fazendo música.* E bem. Independente do instrumento, ele parecia saber, quase intuitivamente, o que fazer com ele."

DE CERTA FORMA, A TURNÊ do nosso segundo disco foi a nossa primeira turnê de verdade, porque foi a primeira vez que fomos headliners. E isso muda tudo. Quando você é a banda de abertura, não precisa se preocupar com quase nada – é só chegar e tocar. Mas, mais cedo ou mais tarde, você tem que tirar as rodinhas e encarar o seu próprio público. Além disso, como Marshall Berle disse uma vez: "No fim das contas, nenhuma banda queria que o Van Halen abrisse, porque ninguém conseguia tocar depois do Van Halen!"

Chamamos esse giro de World Vacation Tour – o que era meio irônico, já que fazia muito tempo que não sabíamos o que era tirar férias. Quando você é o headliner, precisa cuidar de cada detalhe: afinal, é a *sua* turnê – quem mais vai se importar? Você quer causar impacto. Levávamos 36 *toneladas* de equipamento de som, iluminação e estrutura de palco para onde quer que fôssemos – além de mais uma tonelada de calças listradas de elastano, macacões de couro e sabe-se lá o que mais.

Compramos um ônibus melhor, que a princípio chamamos de Define; depois, de algum jeito, o nome virou Disco Submarine, mesmo que estivéssemos sempre acima do nível do mar – pelo menos até onde eu me lembro. Na parte de trás do ônibus, mantínhamos um bote inflável para seis pessoas, caso o Disco Submarine começasse a afundar... Essa foi uma ideia do Dave, como parte de seu conceito de "guerrilha urbana". Outra ideia do Dave: ele contratou algumas pessoas que hoje em dia seria errado a gente chamar de "anões" para servirem como seus seguranças.

Escolhemos a dedo locais que sabíamos que poderíamos lotar. As pessoas sempre querem aquilo que não podem ter – é da natureza humana: *Ah, cara, não consegui ingresso pro show do Van Halen?* Preciso *ver essa banda!* Mas esse nem era o principal motivo da escolha dos locais. Queríamos garantir que os ambientes estivessem completamente lotados, para que, quando todo mundo começasse a pular, gritar e vibrar junto, fosse como se o prédio inteiro estivesse se expandindo! Queríamos que o show fosse tão barulhento, quente e intenso que se tornasse uma experiência quase religiosa – e que todos ali participassem disso. Era como se estivéssemos todos dentro de uma grande caixa de suor comunitária, prestes a explodir. Essa era a ideia de um show do Van Halen.

Quando tudo estava no auge – a banda arrebentando e a plateia enlouquecida –, não havia nada igual. Nada no mundo. "O principal motivo de não nos esgotarmos na estrada, mesmo depois de tanto tempo viajando, é que a gente realmente gosta de tocar – não é trabalho", disse Ed a Rosen. "A parte cansativa é viajar, embora nem sempre fosse tão ruim... A gente subia no palco e, mesmo *morto* de cansaço, eu ainda me divertia tocando."

A gente amava fazer música e curtia criar a *vibe*, a festa para o nosso público. Você percebe que as pessoas não vêm só pelas músicas, elas vêm pela experiência. E a gente amava criar esse tipo de coisa quase tanto quanto amava fazer música – às vezes, até mais. Reunir uma multidão para celebrar e enlouquecer era eletrizante. Fazia a gente se sentir realmente *vivo*.

"A única banda com quem viajei que se comparava ao Van Halen no fim dos anos 1970 e início dos 1980 foram os Rolling Stones. E, mesmo assim, acho que nem eles eram tão dinâmicos", escreveu Noel. "Não estou dizendo que o Van Halen era 'melhor' que os Stones. Estou falando sobre o poder de uma apresentação ao vivo, da capacidade de cativar o público. O Van Halen foi o melhor que eu já vi."

Nada substitui estar lá, naquele momento, com a gente. Por isso raramente fazíamos MTV Live ou coisa do tipo. Como comprimir toda aquela energia numa tela? A beleza da música ao vivo está no imediatismo: uma vez que a música é tocada, é aquilo, para sempre. Cada apresentação é um pouco diferente; cada música é o que quer que seja naquela noite, naquela única vez, *right here, right now*. (Humm, bom título pra uma música...) Não é a mesma coisa que ouvir um disco.

Felizmente, o disco era a segunda melhor opção – e os fãs estavam comprando. *Van Halen II* ganhou disco de ouro um mês após o lançamento, e disco de platina logo no mês seguinte. E se o primeiro álbum chegou até a 19ª posição na parada da *Billboard*, agora estávamos em sexto lugar.

TODA TURNÊ TEM SEUS PROBLEMAS. Comecei a fumar de novo, infelizmente. Aconteceu logo depois de ir ao médico por causa de uma alergia de pele feia, que presumi ter pegado por usar roupas de palco suadas o tempo todo. O médico olhou e disse: "É, essa sua alergia tá *se mexendo*." Tipo: você está com chatos, idiota. Então lá estava eu, no quarto de hotel, sem nada pra fazer, miserável, infestado de chatos. Desci até o quarto do Ed e pedi: "Pelo amor de Deus, me dá um cigarro".

Eu era promíscuo naquela época, porque era jovem, cheio de energia – e podia ser. Olha, todo mundo sabe: caras em bandas de rock pegam muitas mulheres. Essa é metade da razão de você entrar numa banda! Recentemente me mandaram um meme: uma foto de um garoto com cara de bonzinho sentado atrás da bateria, usando um colete salva-vidas. Por quê? Porque ele é baterista, e logo vai se afogar de tanto sexo.

Ed e eu corríamos atrás de garotas – ou talvez fossem elas que corriam atrás da gente. De qualquer forma, não era algo que você quisesse que sua mãe presenciasse, então isso virava um problema quando nossos pais vinham nos ver na estrada. Ela vivia dizendo: "Vocês podiam escolher melhor!". E quer saber? Nesse caso, ela tinha razão.

Transar com várias pessoas, uma série de estranhas, teoricamente é sobre a aventura, a emoção do novo. Mas vira rotina, como qualquer outra coisa. Você brinca, bebe, flerta, sobe escadas. Acaba parecendo contar a mesma piada toda noite para plateias diferentes. No fim das contas, tive a sorte de conhecer alguém com quem tenho uma conexão que só posso chamar de cósmica – devo minha vida, literalmente, à Stine, minha esposa há quase trinta anos. Mas naquela época eu não era assim. Só queria me divertir o tempo todo. Aparentemente, depois de um show da turnê de 1984, enquanto festejava nos bastidores, soltei: "Queria ter mais de um pau!" – e na frente de uma repórter da *Rolling Stone*!

Quero deixar uma coisa clara. Tudo o que Ed e eu fizemos com mulheres foi *com consentimento*. Não forçamos ninguém a nada – não foi assim que fomos criados. Meu antigo vizinho Rod Stewart dizia: "Fiz amor com todas as mulheres com quem já fiquei". Eu me identifico com isso. "Se você ouvir com atenção as letras do Van Halen", disse Dave uma vez no *Good Morning America*, "não vai encontrar nada sexista. Nenhum tipo de pensamento vitimizador". É isso aí!

Dave chegou a dizer para o Noel que queria fazer um "seguro-paternidade", caso alguém alegasse ter engravidado depois de transar com ele no pós-show. Nunca aconteceu de verdade, mas como estratégia de marketing foi genial. A imprensa só falava que David Lee Roth tentou fazer um seguro pro próprio pênis.

Ele fala muito bem – mas Dave teve alguma namorada *de verdade*? Que eu me lembre, não. (Pensa na letra que ele cantava na carreira solo: "*I ain't got nobody/ Nobody cares for me, nobody, nobody/ I'm so sad and lonely*..."). * Ele é o único cara do Van Halen que nunca se casou ou teve filhos. Por quê? Deixo ele responder: "Acho que nunca fiquei com alguém porque não estou feliz comigo mesmo. Sempre tem algo novo pra provar. Sempre um novo desafio. Sempre uma nova montanha de tesouros pra escalar."

Começamos a turnê tocando para cerca de 100 mil pessoas no Los Angeles Memorial Coliseum, num show anunciado como CaliFFornia World Music Festival – não me pergunte o que era o "F" extra. Cheech e Chong eram os mestres de cerimônia, o Cheap Trick e Ted Nugent se apresentaram e o Aerosmith veio depois da gente como atração principal. Algumas semanas antes, fomos conhecer o local e decidimos que seria hilário estacionar um Fusca amarelo numa colina perto do palco, onde todo mundo pudesse ver, e fazer anúncios durante o dia dizendo que ele estava

* "Eu não tenho ninguém/ Ninguém se importa comigo/ Estou tão triste e sozinho..."

atrapalhando, perguntando se o Aerosmith podia tirar "o carro deles" de lá. Aí, na nossa entrada, iríamos chegar com um tanque de guerra Sherman e esmagar o VW – e, claro, simbolicamente, o Aerosmith. Alugamos um tanque de verdade em Hollywood. Compramos dois VWs pra treinar – e, sim, esmagamos os carrinhos como se fossem insetos.

Seria incrível. O único problema? O Aerosmith descobriu e planejou uma retaliação: mostrar imagens de aviões explodindo tanques logo antes de subirem ao palco. Então ririam por último e ririam melhor. Tudo bem – nosso show foi melhor mesmo. (No palco e nos bastidores: Dave chegou com um orangotango usando uma roupa idêntica à dele, e assim ganhamos um convidado extra para a festa.)

Fizemos um show de boas-vindas no Los Angeles Forum, com nossos pais presentes. "Tocar no Forum foi a realização de um sonho. Já vi todo mundo tocar ali. Foi um grande momento para mim", disse Ed. "Chego em casa e a porta dos fundos está arrombada, todos os discos sumiram." Enquanto estávamos no palco, alguém roubou nossa casa na Rua Las Lunas. Levaram todos os nossos discos de ouro e platina.

Não foi difícil descobrir quem foi. Minha mãe tinha chamado um primo nosso pra fazer uns bicos em casa, e acho que o objetivo dele não era pintar a parede, mas inspecionar o lugar. Ele não era muito esperto: achou que o disco de ouro era feito de ouro de verdade e tentou derreter. É triste não poder confiar na própria família. (Mas mais triste ainda é tentar derreter um disco de ouro. Idiota!!)

Assim que conseguimos dinheiro, compramos uma casa nova para os nossos pais. Foi uma das coisas mais gratificantes da vida. Ed comprou seu primeiro Porsche – um 911E Targa –, o começo de uma paixão eterna pelos carros, pra nós dois. (Até hoje eu dirijo um. Ou dois.) Dave comprou uma Mercedes preta que ele mesmo vandalizou, com uma caveira gigante e ossos cruzados no capô.

Agora que o dinheiro estava entrando, convencemos nosso pai a se aposentar – parecia uma boa ideia. "Ele trabalhava sete dias por semana desde que chegamos aos Estados Unidos", contou Ed a um jornalista. "Os cheques semanais da nossa empresa pagavam mais do que ele ganhava. Então dissemos: 'Largue seu emprego'."

Só que não deveríamos ter feito isso. Não acho que tenha sido emasculação nem nada – ele literalmente nos criou, nosso sucesso também era dele. Foi quem nos ensinou música e o valor do trabalho duro. Chegou num novo país cheio de oportunidades e, quando não encontrou nenhuma, virou zelador, mecânico – fez o que fosse preciso. Acho que a geração de hoje não valoriza tanto esse senso de responsabilidade. Meu Deus, mal conseguem chegar na hora. Pra gente, isso era inegociável: *Você é o chefe da família. Você é o provedor*. E ele proveu.

Talvez, sem esse propósito, ele tenha se sentido perdido. Quanto mais tempo ficava em casa, menos parecia aproveitar a vida. Infelizmente, não sacamos isso na época. Tínhamos boas intenções, mas estragamos tudo. Tiramos o propósito dele.

Foi um erro do qual Ed e eu nos arrependemos profundamente.

ONZE

A razão pela qual conseguimos nos comunicar tão bem é simples: porque somos o público.

O que fazemos no palco é exatamente o que sempre quisemos ver sendo feito ali. É por isso que funciona tão bem. Quero dizer, viajamos o mundo... e, mesmo que as pessoas não entendam as letras ou não compreendam exatamente o que o Dave diz entre as músicas, elas entendem o sentimento. Elas se conectam.

E acho que é porque há um pouco de Van Halen em todo mundo – e estamos lá para despertar isso. Nesta noite, você está conosco, e vamos liberar *tudo*.

— Alex Van Halen, 1980 World Invasion Tour, entrevista a uma rádio local em Fort Wayne, Indiana, EUA.

Quando penso em algumas das coisas pelas quais meu irmão e eu éramos mais apaixonados, percebo que agora tenho setenta anos. É importante lembrar que, na época, não havia internet, não existia MTV. Não era um mundo onde todo mundo gravava suas ideias no celular, sentado no sofá de casa, para depois transmiti-las no TikTok e receber um joinha de outro alguém também largado no sofá. Era um mundo em que as pessoas saíam de casa! E em que a única maneira real de se conectar com um grande grupo de pessoas era ir ao encontro delas – de preferência, em um espaço amplo, com excelente acústica e volume ensurdecedor. Queríamos gravar ao vivo, claro, mas o que realmente queríamos era *estar* ao vivo – presentes, em carne e osso, conectados com o público física e psiquicamente. E não estou falando das garotas que iam aos bastidores depois dos shows. (Quer saber? Estou sim. Mas não *só* delas.)

Sei que começo a soar meio esotérico quando falo assim, mas não ligo, porque é a verdade: estávamos compartilhando um momento no tempo e no espaço com milhares – às vezes centenas de milhares – de pessoas. E nosso trabalho era incendiá-las emocionalmente (e incendiar minha bateria, literalmente) durante aquele tempo. "Quando as pessoas gritam tão histericamente por tanto tempo, estão gritando por elas mesmas", como Dave disse à *Rolling Stone*. "Não por mim. Não porque o Eddie seja tão incrível. Mas porque se veem refletidas em nós." Durante essas poucas horas, dominávamos um imenso grupo de humanos: tocávamos música nos ouvidos deles, os fazíamos dançar, mexíamos com suas emoções e corpos, trazíamos todos para dentro da nossa realidade itinerante, transformando-os em parte dela.

Como eu disse, meu irmão estava sempre em busca de um som que só ele ouvia na cabeça. A gente conversava sobre o "*brown sound*", que era basicamente um jeito nosso de descrever um peso terroso que curtíamos – "um som rico e encorpado", como Ed disse certa vez. Pense em madeira, não em metal. O Led Zeppelin tinha isso, mas começamos a usar o termo por causa de uma caixa minha que afinei de um jeito específico, e foi daí que o conceito cresceu. "Quero que minha guitarra soe como a caixa do Al", dizia Ed. "Quente, potente e majestosa." Gostávamos do mesmo tipo de ressonância, dos mesmos timbres – essa parte foi fácil. O difícil foi aprender a reproduzi-los. Leva muito tempo para soar como você mesmo.

Ed comprou um teclado elétrico Wurlitzer antigo em uma casa de penhores nos arredores de Detroit, durante nossa segunda turnê. Quando voltamos, ele já estava obcecado com um riff que não parava de tocar. Entrei com a bateria e, juntos, tocamos aquilo por, sei lá, cem horas. "O Al e eu improvisamos o riff básico de 'And the Cradle Will Rock...' por duas semanas seguidas", disse Ed. "Não sabíamos direito o que fazer com aquilo, mas estávamos nos divertindo, soava simplesmente incrível." Tocamos sem parar. Nossa piada era: "Estamos só esperando o próximo acorde". E então, um dia, *eureca*, ele apareceu. "Do nada, o refrão chegou até nós e estava pronto", contou Ed.

É assim que acontece. Você continua tocando, e o próximo acorde vem – e depois outro. Só não pare. A música vai se revelar. Michelangelo disse aquela frase famosa: "Cada bloco de pedra tem uma estátua dentro, e é tarefa do escultor descobri-la". Não estou dizendo que Ed era Michelangelo, mas essa é a essência. É como se as músicas – ou estátuas, pinturas, poemas etc. – já estivessem flutuando por aí no cosmos, e o seu trabalho não fosse tanto escrevê-las, mas sim encontrá-las.

Ed tocou aquele Wurlitzer ligado a um amplificador de guitarra Marshall no nosso terceiro disco, *Women and Children First*. Finalmente tínhamos um álbum sem *covers* – todas as músicas eram puro Van Halen. Eu adorava algumas delas. "Romeo Delight" era um hard rock clássico – se tornou a abertura perfeita para nossos shows; animava todo mundo de cara. A introdução com *jungle drums* em "Everybody Wants Some!!" – tinha uma pegada tribal naquele ritmo. Dava para imaginar alguém prestes a atravessar um rito de passagem ouvindo aquela batida, ou tentando invocar espíritos de cura... ou até despertar os mortos. Dava para ver homens dançando ao redor de uma fogueira. E aí entra o Dave cantando sobre sexo: todo mundo quer um pouco. Quem vai discordar disso? Outro impulso humano primordial, como dançar.

Mas vai saber o que mais ele estava dizendo: "*I took a mobile light lookin' for a moonbeam/ You stand in line you get lost in the jet stream*".* Nem por um minuto ache que consigo decifrar isso pra você. Mas de algum jeito, captura um sentimento, um conceito – *algo* que me soa familiar. Alguma essência. Ressoa num nível que não tem nada a ver com lógica. Assim como a música. Dave tinha essa mistura esquisita de lampejos de genialidade e surtos de completa insanidade. E, francamente, às vezes a segunda coisa era tão valiosa quanto a primeira.

"Sempre quis o Dave na cabine de voz quando os outros três estavam gravando as faixas", escreveu Ted no livro dele. "Não é algo que eu costumasse pedir para meus outros artistas... era como ter o Lobo Mau dos desenhos animados à vista de todo mundo e nos fones de ouvido dos outros três caras – especialmente na gravação de 'Everybody Wants Some!!'." Dave era provocador. Servia como obstáculo, e isso não era ruim quando a gente estava tentando criar algo original. Um certo tipo de atrito humano gera a energia necessária para criar. Sem atrito, sem calor. Sem calor... sem fogo.

A bem da verdade, terminamos aquele disco em Paris. Ted tinha que estar lá por algum motivo e nos chamou para ir também – nos levou de Concorde, o avião de passageiros mais rá-

---

* "Peguei uma luz móvel procurando um raio de luar/ Você fica na fila e se perde na corrente de jato."

pido do mundo na época. (Dave e eu queríamos gravar o som do motor rugindo para usar no disco, mas isso nunca aconteceu.) Não me lembro muito das sessões, estávamos exaustos de *jet lag* e meio despirocados, mas as noites em Paris foram ótimas – inesquecíveis. Vagávamos pela cidade dividindo uma garrafa de champanhe, visitando discotecas e clubes e, claro, conhecendo as mulheres parisienses. Andávamos por lá como adolescentes em Pasadena. Ninguém nos reconhecia na França.

A GENTE JÁ SABIA FAZER aquele estilo "jaqueta de couro, jeans surrado, machão que gosta de facas e enche a cara". Crescemos com uma versão disso. Então acolhemos o olhar estético diferente do Dave – um pouco mais feminino, bem mais cheio de brilho. Os Stones foram, na verdade, a grande referência para isso: eles borraram a linha do que é aceitável ou não para um roqueiro, permitindo que a androginia se infiltrasse. (Parte disso é o fato de serem ingleses. Os ingleses têm um tipo de pacto cultural: todo homem, em algum momento da vida, vai se vestir de mulher.) E aí, claro, veio o Freddie Mercury e levou isso a outro nível. Estávamos experimentando várias coisas para ver o que funcionava, e estávamos dispostos a dar ao Dave alguma liberdade quanto ao visual. Quando olho para as fotos das nossas sessões de gravação de *Women and Children First*, não consigo deixar de notar que o Ed está usando um macacão rosa. Isso com certeza foi influência do Dave – definitivamente não foi ideia minha. A música era exuberante; pensamos: por que não refletir isso também no visual?

Dave queria que Helmut Newton nos fotografasse para a capa do nosso terceiro álbum. Newton era, no mínimo, uma lenda. Um talento único em sua geração, capaz de transformar qualquer cena em arte. Então, topamos.

Mas as coisas ficaram estranhas rapidamente. Ele teve essa ideia – sem dúvida influenciada pelo Dave – de que todos nós deveríamos estar acorrentados a uma cerca. Não gostamos nada disso: éramos o Van Halen! Nós é que acorrentávamos. Inclusive, tivemos um hit no álbum seguinte chamado "Unchained". (Coincidência? Não existem coincidências.) Simplesmente não parecia autêntico para quem éramos de verdade como banda. Mas era perfeito para o Dave. Ele curtia essa pegada meio homoerótica e sadomasoquista. Não estou falando sexualmente, mas esteticamente – ele topava qualquer coisa que achasse que chamaria mais atenção. A vida para o Dave era uma festa à fantasia – não era como se um visual refletisse algum compromisso mais profundo com um estilo de vida. Ele comprou, por exemplo, um Mercury *lowrider* de 1949. Abrimos o porta-malas e havia sacos de *cimento* dentro, que ele colocou para deixar o carro mais baixo! Pelo amor de Deus – instale um sistema hidráulico! Nós adorávamos carros e consideramos aquilo um sacrilégio. A questão é que nenhuma dessas escolhas estéticas dele vinha de uma vivência real e profunda.

Mas, voltando à história: fizemos a sessão de fotos na casa do pai do Dave em Pasadena – uma propriedade linda, com muitas palmeiras e uma grande escadaria de pedra que levava até a mansão mediterrânea de dez quartos, tão importante que a cidade bancou sua restauração original. (Mais tarde, o Dr. Roth passou a casa para o Dave, e ele ainda mora lá.) O problema é que isso deu ao Dave uma vantagem. Em certo ponto da sessão, ele disse que precisávamos de mais correntes e nos mandou buscá-las. Bom, nunca gostamos muito de sessões de fotos, então fomos até a loja de ferragens local.

Hoje percebo que o Newton só estava interessado em fotografar o Dave e aquele era o momento dele. Acho que os dois tinham combinado tudo de antemão e isso foi um insulto. Eu gostaria que tivessem sido honestos sobre o que queriam (não que a gente fosse aceitar). Mas o fato é: o Dave era ótimo em "fechar a venda". E aí, 90% das vezes, ele vinha com toda aquela lábia, mas na hora de entregar... não funcionava. Dessa vez não foi diferente.

Ele conseguiu as fotos que queria. Mas jamais aprovaríamos uma capa de disco que não representasse o Van Halen. Essa era *nossa* banda. Essa era *nossa* marca. Foi para isso que trabalhamos a vida inteira! E nem os dois caras chamados Van Halen, nem a gravadora iriam aceitar o que o Dave realmente queria – estar sozinho na capa, como se fosse o astro, e que nós estivéssemos ali só para apoiá-lo. (Uma ideia que Ed e eu achávamos hilária. Crescemos ouvindo músicas instrumentais: os músicos eram o foco principal; as letras e o vocalista eram só a cereja do bolo. O que tocava as emoções era a música em si. A resposta padrão do Dave a isso era: "Ninguém sai de um show cantarolando o solo de guitarra".)

É claro que a Warner Bros. já tinha investido milhares de dólares na sessão com Newton e não queria jogar tudo fora. Então, embora achássemos que era contra o interesse da banda retratar apenas um de nós – especialmente acorrentado –, e mesmo que a foto de Newton não tivesse *nada* a ver com o espírito do Van Halen, fomos obrigados a incluí-la como um pôster de um metro de comprimento no primeiro milhão de cópias do álbum. Os fãs adoraram. Mas aquilo me deixou uma péssima impressão. O Dave já começava a tentar levar a banda numa direção que simplesmente não correspondia à nossa essência. Estávamos em desacordo.

Quando o visual começa a se sobrepor demais, não dá certo – principalmente quando se tem um talento como o Ed. Outro dia, discuti isso com Donn Landee, e ele disse que, com alguém como o Ed, nenhum visual conseguiria ofuscá-lo. Claro que isso é verdade. Mas é como ver o filme antes de ler o livro – aquela imagem fica grudada na sua mente. Você não consegue mais imaginar suas próprias cenas. E Ed e eu sabíamos disso. A música era o centro de tudo. Nunca quisemos gastar mais energia no visual do que na performance. E tempo é dinheiro. Estamos *sempre* em turnê ou gravando. Não vamos gastar o nosso curto intervalo entre gravações com figurino, Dave.

Já disse: tenho setenta anos. O Ed e eu éramos dinossauros. Nascemos na época certa para os nossos talentos e paixões, numa realidade analógica em que o Led Zeppelin reinava – e nunca gravou um único videoclipe. Se você via uma foto deles, via *os quatro*. E nenhum estava amarrado a uma cerca.

NOSSO DISCO VENDEU MAIS DE 500 MIL CÓPIAS na primeira semana após o lançamento. "A rapidez com que *Women and Children First* chegou ao Top 10 sugere que há um pouco de Van Halen em todo mundo", escreveu a *Rolling Stone* (ecoando minhas próprias palavras!). Oficialmente, chamamos nossa terceira turnê de *World Invasion Tour*. Extraoficialmente, era a *Party Till You Die Tour* ("Turnê festeje até morrer"). Como estava estampado nos nossos passes de backstage: WDFA – *We Don't Fuck Around* ("A gente não brinca em serviço").

Tudo o que fazíamos, fazíamos pra valer. Por que tomar um copo quando se pode beber a garrafa inteira? Ed e eu aprendemos assim: nada de mediocridade. Mesmo quando falhávamos, falhávamos *em grande estilo*. (Estou olhando pra você, *Van Halen III*.) Quando fazíamos merda, era uma merda monumental.

Caímos na estrada pela terceira vez no início de 1980. Quatro dias após o lançamento do álbum, tocamos na Universidade do Sul do Colorado, em Pueblo. Eles nunca tinham organizado um grande show de rock por lá e não faziam ideia de como lidar com isso, como logo ficou evidente. Nós, por outro lado, levávamos o profissionalismo muito a sério. Nosso equipamento era bem específico e cuidadosamente montado, em parte por segurança: se a fiação elétrica não for adequada, pode ocorrer um incêndio. E se a estrutura não for suficiente para sustentar todo o equipamento? O palco pode desabar. (Fique ligado.) E então, só para garantir que os promoters e os responsáveis pelos locais lessem todas as letras miúdas e prestassem atenção às nossas exigências, incluímos uma cláusula curiosa da qual você provavelmente já ouviu falar em algum momento: nada de M&M's marrons. Queríamos aqueles doces nos bastidores, mas deixamos bem claro, em letras maiúsculas: "M&M's (AVISO: ABSOLUTAMENTE NENHUM MARROM)".

Eu sei. Parece coisa de idiota. Estilo astro do rock metido a besta, querendo obrigar algum pobre coitado a ficar horas catando doce até ficar cego. Mas não tinha nada a ver com poder ou uma aversão estranha à cor marrom – até porque, veja bem, nosso som preferido era o *brown sound*. (Quando os entrevistadores perguntavam a mim e ao Ed se os marrons tinham gosto diferente dos outros M&M's, a gente entrava na brincadeira. Eu mandava na lata: "Sim, têm. São mais açucarados, têm mais chocolate", respondi uma vez, sério, num programa de rádio em Indianápolis, enquanto o Ed ria ao meu lado. "Os verdes e os amarelos são muito mais refrescantes.") Na real, a ideia era simples: usar algo fácil de verificar como sinal de que os organizadores tinham lido todas as exigências técnicas. Se a gente visse M&M's marrons, já sabíamos: não estávamos lidando com profissionais. Se não ligaram pra isso, com o que mais deixaram de se preocupar? Que outras exigências tinham ignorado? E aí, pronto: não dava mais para relaxar. Tínhamos que ficar atentos a mais um problema, além de fazer boa música.

Nossa reação imediata, quando vimos os tais M&M's marrons nos bastidores em Pueblo, foi esmagar tudo no carpete. A coisa escalou. Aos poucos, todo o bufê virou alvo. Antes que a gente percebesse, estávamos nos tacando bebida, jogando purê de batata na parede, atirando frango frito por cima da mesa. Um dos funcionários do campus disse ao jornal local que a gente se comportou "como um bando de animais": "Comeram lasanha com as mãos, jogaram comida pela sala, espalharam comida nas paredes e uns nos outros. No banheiro masculino ali perto... é indizível o que fizeram por lá." Pode até ser indizível, mas não fomos apenas nós. Cinco mil pessoas estavam no nosso show, e acho que nossa apresentação despertou um apetite por destruição nos alunos também, porque foram eles que destruíram o banheiro. A gente estava ocupado demais numa guerra de comida digna de *Clube dos Cafajestes* – em intensidade e, no fim das contas, em notoriedade. A universidade decidiu que nunca mais faria um show de rock.

Mas sinceramente? Os verdadeiros degenerados eram eles. Tinham acabado de instalar um tipo de piso amortecedor que não aguentava o peso do nosso equipamento e do palco. Resultado? Um colapso que causou entre dez e vinte mil dólares em danos às nossas estruturas de iluminação e outros equipamentos. Tivemos sorte de ninguém ter se machucado – ou morrido! Os M&M's marrons, no fim das contas, eram um alerta: estávamos lidando com anfitriões que não levavam a sério as especificações contratuais, a segurança do evento ou o valor do nosso tempo, dinheiro e esforço para realizar um show de alto nível.

Infelizmente, quando se reúnem milhares e milhares de pessoas para liberar as inibições, nem tudo que acontece é bonito. Os caras brigavam, ficavam bêbados, faziam tudo aquilo que caras fazem. E às vezes surgiam problemas que não tinham nada a ver com isso – a polícia local só queria uma desculpa para prender caras de cabelo comprido que curtiam rock 'n' roll. No nosso show em Cincinnati, no Riverfront Coliseum, 177, pessoas foram presas – a maioria por fumar maconha no estacionamento ou por violar a proibição de fogo aberto dentro do coliseu, acendendo cigarros ou levantando isqueiros no ar, como era comum nos shows daquela época, antes dos *vapes* (um tempo em que havia um isqueiro Bic no bolso de toda calça jeans). Os policiais chegaram a acusar o Dave de "incitar a multidão" naquela noite, só porque ele gritou "*Light 'em up!*" ("Acendam-nos!") – um *verso* da nossa música "Light Up the Sky".

Um bom show custa caro. Olhando para um orçamento antigo, só os ensaios custavam cem mil dólares – isso há mais de quarenta anos. Em valores de hoje, seria algo perto de 400 mil. Era preciso pagar a equipe por todo esse tempo, gastar uma fortuna em viagens, garantir segurança e ainda cobrir o aluguel do palco e das luzes. Só a "rampa do ego" – aquela parte do palco que avança até o público para o Dave dançar no meio da galera – custava cinco mil por noite na época. Hoje, seria algo em torno de 20 mil. Mas valia a pena.

Todos ainda estávamos investindo na banda – estávamos longe de ser ricos, mesmo com milhões de discos vendidos. Como isso era possível? "Empatamos porque investimos tudo em som e iluminação", disse Ed – com razão – à *Guitar Player*, em 1980. "Sempre apostamos tudo. É tudo ou nada. A gente não pensa: 'Podemos economizar se não fizermos isso'. A gente projeta o que quer, manda construir e só depois pergunta: 'Quanto dinheiro temos?'. Se não temos, dizemos: 'Então temos que conseguir'." Planejávamos tudo com o máximo de cuidado para que, onde quer que estivéssemos, o show refletisse o som: *extraordinário*. Sabíamos que o público se lembraria de como os fizemos sentir. Cada detalhe contribuía para isso e era um reflexo da nossa identidade como banda.

Afinal, você quer entregar ao público aquilo pelo que eles pagaram. Levávamos isso muito a sério – era uma questão de integridade e profissionalismo. Ironicamente, nesse ramo, isso significava fazer coisas que, em qualquer outro emprego, fariam você ser demitido. Os fãs não querem ver um bando de caras tomando suco verde com cara de quem está indo para a biblioteca. Querem ver maníacos selvagens, desinibidos e viris. Querem ver tudo aquilo que eles mesmos gostariam de fazer. E nisso éramos bons. Era o nosso *trabalho* ser animais.

Animais que, de alguma forma, se mantinham em excelente forma física. E essa é a parte difícil. Porque, se o público está vivendo indiretamente o que vê no palco, então o que acontece ali tem que parecer sobre-humano. Seja abrindo espacate, deslizando pelo palco, voando nas vigas com um cabo ou, como eu fiz na turnê seguinte, batendo num gongo gigante e flamejante no fim de cada show – tudo tinha que ser grandioso, energético, inesquecível. Então, era bom estar em forma.

Porque no dia seguinte você teria que fazer tudo de novo. E no outro também. E no seguinte. E ainda viajar centenas ou milhares de quilômetros, dormindo em aviões ou na parte de trás de um ônibus de turnê. Sem contar a parte importantíssima de virar dezenas de latões de Schlitz Malt e entreter nossas fãs depois do show. Na *World Invasion Tour*, nossos corpos já estavam começando a reclamar. Mas sabíamos que o trabalho era dar sempre o máximo.

Como eu disse: WDFA.

DAVE, EM PARTICULAR, ESTAVA em uma fase da vida em que buscava testar os limites do próprio corpo. Começou a treinar com o preparador físico do Los Angeles Lakers. Fez trilhas pelas Star

Mountains, na Papua-Nova Guiné, acompanhado de guias que se autodenominavam *Jungle Studs** (o que pode ser hilário ou patético, dependendo do humor do dia). Quando estávamos na Itália promovendo o disco, Dave pulou do praticável da bateria para uma sessão de fotos e acertou o nariz num globo de discoteca. (É sério.) A imprensa europeia adorou o nariz enfaixado, e ele gostou tanto da repercussão que, anos depois, acho que quebrou o nariz de propósito – girando o pedestal do microfone durante uma apresentação no *Jimmy Kimmel Live!* – só para chamar a atenção de novo. Dave *é* puro showbiz.

Mais uma bizarrice médica europeia: por motivos que não lembro agora, nossos distribuidores na França nos fizeram gravar um clipe para "Loss of Control" numa sala de cirurgia. Tem que dar crédito aos caras: não existia MTV, nem VH1 – eles estavam à frente do seu tempo. Procure o vídeo na internet e, meu amigo, veja como ele é *esquisito*. Começa com o Dave deitado no palco, gritando com uma enfermeira bonita por cima dele. Mas não é sexy. Parece que ela foi atingida por um dardo tranquilizante e caiu sobre ele, sorrindo estranhamente enquanto ele berra. Depois ele levanta e começa a dançar vestindo um jaleco de médico por cima do seu elastano listrado e suspensórios. O resto da banda está de uniforme. E eu tenho uma lâmina de raio-X presa na bateria.

Duas coisas me chamam atenção nesse clipe hoje. Primeiro: o Dave se mete em todas as cenas. A câmera vem para mim na bateria? Lá está o Dave atrás de mim e dos meus tambores. Querem mostrar o Ed tocando? O Dave pula na frente da guitarra. Ele *tinha* que estar em cena, como se a vida dependesse disso. Segundo: tem várias tomadas fechadas da enfermeira com o rosto coberto

* (N. T.) "Galãs da selva", em tradução livre.

por uma máscara cirúrgica. Agora que passamos anos escondidos atrás de máscaras por causa da covid, tentando não espalhar ou pegar o vírus, tudo assume uma ressonância meio… estranha.

Dou o braço a torcer aos europeus: eles entenderam o conceito dos videoclipes antes mesmo que a ideia existisse de verdade. Você escolhia um tema que não fazia o menor sentido e se agarrava a ele com unhas e dentes. (Por que, exatamente, estamos vestidos de médicos aqui? O que o Dave está fazendo, parecendo pronto para uma cirurgia na Sala Arco-Íris, enquanto interrompe uma história de controle de tráfego aéreo? Ninguém sabe.) Os clipes eram bem abstratos naquela época, antes de a linguagem visual se consolidar. E, naquela fase, cada país tinha sua própria equipe criativa associada à gravadora, então a gente vivia se metendo em situações bizarras em lugares onde não falava a língua, achando que tinha entendido tudo errado: "Tô ouvindo direito? Você quer que eu toque bateria embaixo do pescoço de um brontossauro em tamanho real?"

Foi isso que passou pela minha cabeça no ano seguinte, quando nos vimos, inexplicavelmente, tocando "So This Is Love?" numa clareira no meio de uma floresta perto de Milão, para a televisão italiana – cercados por estátuas gigantes de dinossauros no Parque Pré-histórico Rivolta d'Adda. É uma gravação insana – procure depois. Tinha um mamute-lanoso, um tiranossauro e meu irmão usando meias listradas de vermelho e branco até os joelhos com uma camiseta combinando. (Ele usou aquilo até se desfazer.) Dave estava com um cachecol ridículo enrolado no pescoço, que parecia um teclado de piano, peito peludo de fora, subindo pela perna de um dinossauro.

Aquela era, digamos, a era *pré-histórica* dos videoclipes: o som ainda era o elemento principal, e a imagem vinha em segundo plano na indústria fonográfica – antes de a MTV virar esse jogo completamente. Dave, claro, não teve problema nenhum com essa transição, porque sempre se preocupou mais em se comunicar com o público através do cabelo, da dança e dos sapatos do que com a música propriamente dita. Não estou querendo desmerecer! Nós éramos bons em algumas coisas, e ele em outras – o mesmo vale para o Mikey.

Sentar ao lado do Dave em entrevistas era uma viagem – uma continuação direta, exagerada e performática da persona dele no palco: o baita personagem Diamond Dave. Ele era como um mestre de cerimônias de circo. Parecia seguir as regras do palco o tempo todo – sem pausas, sem silêncios. Como ele mesmo me disse uma vez: "Estou ao vivo desde o momento em que acordo". Então ele ficava tagarelando sem parar, e eu só ria ao lado, porque muitas vezes dava pra ver que o entrevistador não entendia nada do que ele estava dizendo... mas eu entendia. Talvez fosse por causa do TDAH dele – ele pulava de um assunto para outro como uma mosca presa num carro, voando de um lado pro outro. Eu sabia como a mente dele funcionava, então geralmente pegava o fio da meada. Mas dava pra ver o jornalista, boquiaberto, pensando: *Esse cara tá falando sério?*

Ele adorava falar, mas raramente *sabia* do que estava falando. Em geral, ele tinha uma compreensão superficial, cheia de chavões, de qualquer assunto sobre o qual estivesse filosofando – fosse o estado da música, *pop art*, qualquer coisa –, mas eu duvido que ele percebesse que havia mais profundidade por trás daquilo tudo. Dave era um pseudointelectual, um diletante: sabia um pouco de muita coisa, mas só conhecia a fundo uma coisa – ele mesmo.

Essa paixão por aparecer criava um dilema. Por um lado, *era ótimo*. A gente não curtia dar entrevistas e, como o Dave adorava, nunca precisávamos nos preocupar. (E a demanda era constante: quando você entra no jogo da fama – e não só da música –, uma máquina começa a girar e, quando você se dá conta, está dedicando tempo e energia demais só pra alimentá-la. Quer sair na capa da revista? Tem que dar entrevista. Tem que se abrir. E a gente pensava: *Não, obrigado, estamos tentando comandar uma banda aqui, e isso já é trabalho de tempo integral!*) Mas o problema era que nem sempre dava pra deixar o Dave fazer isso sozinho. Não dava pra ter uma única pessoa ali representando o Van Halen, como se fosse a banda inteira. Quando Peter Grant era empresário do Led Zeppelin, ele deixava isso muito claro: ou você entrevistava todos, ou não entrevistava ninguém. Essa é a marca. Essa é a banda. E aí está o paradoxo.

Você precisa ser um organismo *coeso* – aos olhos do público, mas também na prática! Porque uma banda é um equilíbrio delicado. E isso se reflete em tudo: quem fica com qual quarto, quem senta onde no ônibus, quem decide a ordem das faixas do disco, quem pega o primeiro hambúrguer e quem espera dois minutos a mais pro dele ficar pronto. Em turnê, todo dia traz um milhão de oportunidades de se sentir deixado de lado. Um milhão de chances de ser um babaca por algo que devia simplesmente relevar.

"O sucesso sempre foi o maior mentiroso", escreveu Nietzsche. Dave ouvia, noite após noite, um mar de mulheres de topless gritando seu nome e jogando suas calcinhas nele – e adivinha... Ele começou a achar que tinha direito a um certo tipo de tratamento, a uma posição de destaque. "Por mais suave e simpático que David fosse em entrevistas, ele costumava ser exatamente o oposto com técnicos, equipe de apoio e até com os próprios colegas de banda", na visão de Noel. "Ele era exigente, impaciente, e não tinha muita disposição para a diplomacia." Agora, imagine dizer "Chega de solos de guitarra" para *Edward Van Halen*! Isso não é só grosseiro – é insano.

Mas, ao mesmo tempo, Ed estava sendo constantemente chamado de maior guitarrista de todos os tempos por todas as revistas e músicos. Ele dizia que era apenas um receptáculo – o que soava humilde –, mas, em algum nível, toda essa bajulação (e bastante cocaína) começaram a mexer com sua cabeça. Ele passou a ter menos paciência para as loucuras do Dave. E também menos senso de humor quando o Ted rejeitava alguma ideia maluca. "A 'obra', seja do artista ou do filósofo, inventa o homem que a criou", continuou Nietzsche. "... os 'grandes homens', como são venerados, são apenas ficções pobres criadas depois dos fatos."

Ou, colocando de outra forma: você começa a acreditar nas suas próprias baboseiras. Perde a noção de que, sim, talvez hoje você seja a estrela do momento... mas, no contexto do universo, ainda é só um pontinho.

DOZE

Could this be magic? Or could this be love?
Could this turn tragic? You know that magic often does.
And I see lonely ships upon the water,
Better save the women and children first.
Sail away with someone's daughter,
Better save the women and children first.*

– Van Halen, "Could This Be Magic?"

É uma coincidência apropriada (embora eu não acredite em coincidências) que o álbum que estávamos promovendo fosse *Women and Children First*, porque foi durante nossa passagem pela Louisiana que Ed conheceu a mulher que se tornaria mãe de seu filho.

Valerie Bertinelli conheceu nossa música quando pegou os discos emprestados dos irmãos. Ela já era famosa por interpretar

* "Será que isso é mágica? Ou será que isso é amor? // Será que isso pode se tornar trágico? Você sabe que muitas vezes se torna. // E eu vejo navios solitários na água, // É melhor salvar as mulheres e as crianças primeiro. // Navegar com a filha de alguém, // É melhor salvar as mulheres e as crianças primeiro."

Barbara Cooper na série *One Day at a Time*, criada por Norman Lear, mas ainda tinha apenas dezenove anos. E era a principal fonte de sustento de toda a família. Muita pressão – e muito poder – para uma adolescente. Quando os Bertinelli se mudaram para Los Angeles para que Valerie pudesse seguir carreira na TV, ela ainda era só uma garota. Ela apareceu nos bastidores do nosso show em Shreveport, sua cidade natal, naquele mês de agosto, acompanhada de um ou dois irmãos e trazendo um presente para a banda: um saco de M&M's. (Um aviso para os incautos: agosto não é uma boa época para visitar a Louisiana. O calor é *sufocante*.)

Os irmãos dela eram engraçados – eu os chamava de "Nellies". Na primeira noite em que os conhecemos, Mikey e os Nellies beberam bastante, o que acabou em uma briga de extintores de incêndio. Valerie estava ali *por causa do Ed*. "Me fez sair do chão", foi como ela descreveu sua paixão à primeira vista pelo meu irmão. (Nosso tour manager, Steve Vando, e eu tínhamos um método naquela época: você sabe se uma mulher vai para a cama com você no primeiro minuto. Se não rolar nada nesse tempo, é hora de seguir em frente. Acho que o Ed soube em quinze segundos.)

"Foi até fofo ver os dois juntos, eles estavam claramente nervosos e um pouco hesitantes", escreveu Noel sobre aquela noite. "Para mim, isso parecia um sinal de química verdadeira. Afinal, Valerie passou a vida toda diante das câmeras, totalmente à vontade em qualquer interação pública. E, mesmo assim, ali estava ela, gaguejando e corando como uma colegial diante do capitão do time de futebol." Valerie foi ao nosso show seguinte.

E, quase de cara, Dave não gostou da presença de uma nova energia "celebridade" que não tinha nada a ver com ele. Ele descreveu o encontro assim: "Um dos caras da recepção chega e diz: 'Dave, esta é Valerie Bertinelli'. Eu não fazia ideia de quem ela era. E não dei a mínima." Você entendeu. Ele foi hostil desde o começo. Lembre-se: a fama era o grande objetivo dele. E, naquela época, Valerie tinha um público enorme – *todo mundo* sabia quem ela era. Ela começou a atrair parte da atenção na órbita do Van Halen, e isso deixava o Dave enlouquecido.

Como eu sei? Estávamos morando juntos num *ônibus*. Era quase possível ouvir os pensamentos uns dos outros! E Dave fazia comentários sutis sobre como era importante, para a imagem da banda, não termos namoradas – sermos jovens, indomáveis, com um estilo de vida a que os fãs pudessem aspirar... eles viviam indiretamente através de nós, mesmo fora do palco. Tudo isso é verdade. O rock 'n' roll é uma extensão da sua percepção de prazer, de vida – tudo precisa ser maior e ir além. E Dave era muito convincente. Mas Ed é meu irmão. Se ele quer se comprometer – aos 23 anos! – e acha que isso vai fazê-lo feliz, então que assim seja. "Não gosto de casos de uma noite", ele disse à *Rolling Stone*. "Não gosto de pegar gonorreia. Quero ter filhos. Quero passar a vida com alguém."

Imaginei que ele e Val eram tão parecidos que, se tivessem um filho, mesmo que se parecesse com ela, ainda assim se pareceria com ele! HA!

Brincadeiras à parte, os dois se davam muito bem.

Fiquei feliz por ele.

O HARD ROCK ESTAVA fora de moda quando começamos a tocar nos bares. Estávamos na era dos cantores e compositores. Veja as capas da *Rolling Stone* do final dos anos 1970: Bruce Springsteen, Carly Simon, Linda Ronstadt, James Taylor, Jackson Browne. Coloque tudo isso num liquidificador – movimento antiguerra, um par de mocassins, muito cabelo castanho comprido, um violão e acordes com sétima maior – e *voilà*: o milkshake leve e fácil de beber do cantor-compositor. Pisque os olhos e o pêndulo já tinha oscilado para o outro extremo: de cantores sensíveis para o pop plástico de Go-Go's, The Cars, Devo – outro bando de branquelos inofensivos, agora com gravatas finas e sintetizadores. (Não que haja algo de errado com sintetizadores!) Nós, obviamente, não nos encaixávamos em nada disso. Nem disco, nem punk, nem folk, nem funk. Estou começando a soar como o Dr. Seuss…

A ascensão do Van Halen foi "inspiradora e confusa" para outras bandas, como relata *Nöthin' But a Good Time*, a história completa e sem censura do hard rock anos 80 escrita pelos jornalistas Tom Beaujour e Richard Bienstock. Segundo eles, as "eletrizantes performances ao vivo, o impressionante vocalista de vasta cabeleira loira e o guitarrista prodígio em seu instrumento foram uma força tão inegável que transcendeu o preconceito da indústria e fechou um contrato com a Warner Bros. Records. O sucesso do grupo, no entanto, não se estendeu a outros nomes que seguiam a mesma linha estilística."

Eles citam "Wild" Mick Brown, baterista da banda The Boyz e depois do Dokken: "Ninguém parecia estar interessado nas outras bandas, o que achei estranho, porque era tipo: 'Você não acha que as gravadoras iriam querer, sei lá, mais nove Van Halens?'"

A resposta é simples: *não havia* mais Van Halens. Éramos inimitáveis.

"Dizem que a imitação é a forma mais sincera de elogio, mas isso é uma patifaria", disse meu irmão. "Não gosto quando alguém pega o que eu fiz e, em vez de levar adiante, repete cada mínimo detalhe!" Ele obviamente ficava feliz por *inspirar* os outros, mas não gostava de ser copiado. E isso aconteceu até *nos nossos próprios shows* – duas vezes! Quando tocamos com o Boston, no verão de 1979, o guitarrista Tom Scholz incorporou um trecho de "Eruption" no solo dele. Provavelmente achou que era uma homenagem. Mas pra gente foi só esquisito mesmo. Acredite: isso já tinha acontecido antes, na turnê de 1978. Rick Derringer abriu um show nosso no Texas e copiou a sequência de *tappings* de "Eruption". Ed lembrou: "Depois do show, a gente tava no bar e eu disse: 'Ei, Rick, eu cresci ouvindo você. Como ousa fazer isso?'" E Derringer *repetiu* no show seguinte. Então o tiramos da turnê.

As pessoas copiavam não só os solos do Ed, mas também suas guitarras. A Charvel – uma fabricante que ele adorava – começou a vender uma réplica do modelo dele: corpo estilo Stratocaster com humbucker e alavanca. Ele teve que processá-los para que parassem. Depois, um cara quis usar o nome do Ed pra promover um captador especial. Ed disse: de jeito nenhum. "Na próxima vez que abri a *Guitar Player*, havia um modelo 'Van Halen edition'", reclamou ele. Por fim, colocamos um ponto final nisso também. Mas não dava pra impedir a garotada de copiar as listras do Ed, pintando nas próprias guitarras – elas estavam por toda parte. "Outra noite, na véspera de Natal, fui ao Whisky. Uma banda chamada Weasels estava tocando, e o guitarrista principal tinha uma guitarra exatamente igual à minha", disse Ed. "Eu simplesmente não entendo como alguém consegue subir ao palco com a minha guitarra, porque ela é a minha marca registrada." Sendo um verdadeiro original, ele simplesmente não entendia por que tanta gente estava desesperada para imitar os outros.

Com os anos 1980 ganhando força, o glam rock e o heavy metal começaram a conquistar espaço no Top 40, invadindo o *mainstream*. E, quer gostássemos da música ou não, muitas das bandas em ascensão em Hollywood haviam sido influenciadas pelo Van Halen. Havia tantas dessas bandas nos anos 1980 que parecia até que um vírus havia varrido a Sunset Strip: Ratt, Mötley Crüe, Warrant, Guns N' Roses, Poison, Stryper, Whitesnake, White Lion, Great White, Road Crew, Twisted Sister, Cinderella... Só de listar já sinto dor de cabeça. "Você de repente vê essas bandas como o Mötley Crüe e o Poison, e o que todas têm em comum? Todos os seus vocalistas tinham cabelos loiros platinados, todos queriam ser o David Lee Roth", disse Michael. Dave via a imitação como a forma mais sincera de elogio. Ele ficou amigo de Vince Neil e chegou a apresentar o Mötley Crüe quando eles tocaram no Troubadour.

Mas, para nós, essas bandas não estavam à altura do nosso padrão musical. Cabelo e maquiagem, roupas chamativas e um show pirotécnico eram só a cereja do bolo. Já para a maioria das bandas de hair metal dos anos 1980, isso *era* o bolo. Bem, como Dave costumava dizer: o Van Halen tocava em qualquer condição, e mesmo assim a performance era matadora.

NOSSO QUARTO ÁLBUM FOI MAIS PESADO e menos animado do que os anteriores. Era um som mais denso e talvez com uma pitada de "foda-se" – ou, pelo menos, com um desafio – para os nossos imitadores. O título dizia tudo: *Fair Warning*. Não importa se você tem cabelo comprido, calça de couro e um vocalista andrógino e loiro. Só existe um Van Halen.

A música daquele disco tinha um quê de ameaça. "*It's all over, but the shouting, I come, I take what's mine*",* canta Dave em "Mean Street" – quando Ed não está, furioso, destruindo na guitarra. Esse era o espírito de *Fair Warning*. Cada um por si. "O que fazia o Van Halen funcionar, mais do que qualquer outra coisa, era uma abordagem primitiva do contrato social", como Dave disse uma vez. "Só somos bons quando estamos ascendendo rumo a alguma

* "Acabou tudo, menos a gritaria. Eu vou e pego o que é meu."

coisa. E quando você está subindo, você está furioso, está focado; precisa estar, senão, cai." Furiosos e focados. Assim éramos nós.

Vi uma obra de um artista canadense-ucraniano chamado William Kurelek e quis usá-la na capa do disco: uma pintura de um homem empurrando uma parede de tijolos com a cabeça. Kurelek era como nós: um imigrante, chegou ao Canadá sem falar uma palavra de inglês e precisou se adaptar. Era um forasteiro cultural com um dom – no caso dele, as artes visuais. Se a Segunda Guerra Mundial e seu impacto nos nossos pais moldaram a nossa visão de mundo, o trauma da Primeira Guerra foi o que moldou Kurelek. Suas obras respondiam a esse legado – e também ao lado sombrio da natureza humana.

Era sobre isso que fazíamos música, especialmente em *Fair Warning*. Estávamos em contato com nossos bárbaros interiores. Nosso processo criativo era marcado por confrontos, às vezes até físicos. Ed e eu discutíamos e, de repente, estávamos rolando no chão, brigando. Xingando um ao outro em holandês, como fazíamos desde meninos. "Brigamos mais do que qualquer pessoa que eu conheço, mas também nos damos melhor do que qualquer outra", disse Ed. "Alex e eu somos irmãos: sem ele, não sei como lidaria com tudo isso."

A pintura de Kurelek daquele homem batendo a cabeça contra a parede representava, para mim, a sensação constante de luta que acompanha o fato de estar vivo – e, certamente, o fato de estar em uma banda. Não importa o quanto você lute pelo seu ponto de vista: quando faz parte de um grupo, está o tempo todo fazendo concessões – e frequentemente se ressentindo delas. Ed disse a um entrevistador da *Creem* na época: "Estou fazendo exatamente o que quero. As pessoas me perguntam se quero gravar um disco solo e eu respondo: 'Pra quê? Tocar no Van Halen é como gravar um disco solo. Liberdade total pra fazer o que eu quiser'". O caralho! Em uma banda, isso não existe. Você nunca para de fazer concessões – grandes ou pequenas. Esse é o preço da colaboração.

A pintura que eu queria está na capa do *Fair Warning*, mas só como parte de uma colagem com outras imagens de Kurelek – quase todas retratando violência ou crueldade. (Ficou muito carregada.) Então eu meio que consegui o que queria, mas não exatamente. Bem-vindo à vida em uma banda.

Pela primeira vez, Ed estava fazendo *overdubs* pesados nas guitarras. E pela primeira vez, o disco foi criado no estúdio – diferente dos anteriores, que tinham músicas compostas no porão do Dave e testadas por anos nos palcos dos clubes. Consequentemente, houve muito Ted no processo – mais do que gostaríamos. "Durante o *Fair Warning*, Ed me chamou num canto", contou-me Donn Landee recentemente. "Eu estava mixando ou montando alguma coisa, trabalhando até tarde, e ele disse: 'Quero poder trabalhar com você sozinho; não quero o Ted por perto. Não consigo tocar na frente dele.' Eu disse: 'Claro que consegue! Já vi você tocar para vinte mil pessoas!' Ele respondeu: 'Isso é diferente, é fácil. Tocar pra um cara que vai julgar o que eu faço me apavora.' Ele me disse: 'Não consigo tocar na frente do Ted. Nem da mulher com quem vou me casar. É pressão demais.'"

Tudo veio à tona enquanto gravávamos "Unchained" (ironicamente, porque Ed se sentia acorrentado). "Ted não gostou do que Ed estava tocando, e Ed não queria tocar o que o Ted sugeria", lembrou Donn. "Aquele dia inteiro foi uma batalha para fazer a música funcionar – uma crise atrás da outra. Nunca tive outro dia assim trabalhando com alguém. Ted torturou Ed, e até hoje ele não sabe disso."

Ted percebia que Ed nunca se soltava totalmente com ele por perto. "Não havia guitarrista melhor no mundo em 1981 do que Eddie Van Halen, mas percebi que ele às vezes ficava nervoso na minha presença no estúdio", escreveu Ted em seu livro. "Quando eu saía, ele relaxava." Mas era mais do que isso. Ed estava em conflito com Ted porque sentia que sabia mais de música do que qualquer produtor – o que era verdade – e queria liberdade para experimentar. Segundo Ted, ele fazia o possível para acompanhar: "Às vezes, quando Eddie tentava desafiar os limites, eu não conseguia decodificar o que ele buscava", contou. "Acho que Eddie nunca soube o quanto eu me frustrava quando ele tentava descrever um som ou uma pegada e eu não conseguia chegar lá. Eu só queria deixá-lo feliz."

Provavelmente é verdade. Mas não é toda a verdade. Ted estava em desacordo com Ed porque já havia produzido muitos discos de sucesso – de Doobie Brothers a Little Feat e Van Morrison – e era seu trabalho continuar produzindo mais deles. Ted vestia a camisa da gravadora. O desejo de Ed – ou melhor, sua necessidade – de crescer criativamente e experimentar novos estilos e sons colidia com a agenda de Ted, que era repetir a fórmula vencedora do passado.

Isso também se tornou um problema com Dave. Sempre viemos de extremos opostos do espectro musical, em termos de gosto, e estava ficando cada vez mais difícil encontrar o denominador comum – o estilo que combinasse a excentricidade teatral dele com o nosso som. Não me entenda mal: ainda conseguimos. *Fair Warning* é um excelente disco, na minha opinião. Ou, como disse o próprio Ted: "Havia muitas bandas de heavy metal que uniam riffs monstruosos a letras marcantes. Mas nenhuma delas igualava a habilidade e o senso de humor do Van Halen. A pausa em 'Unchained' destacava o que nos diferenciava da concorrência." Mesmo sem um grande single pop para impulsionar a máquina, conquistamos nosso terceiro disco de platina com *Fair Warning*, que alcançou o quinto lugar na parada da *Billboard*, estabelecendo um novo recorde para nós.

Veja, todos nós adoramos esse disco. Era diferente, não um álbum festivo. É sempre gratificante mostrar outro lado seu como artista, surpreender o público e sugerir que há mais em você do que o que ele já conhece. *Fair Warning* era mais sombrio, menos exuberante e, de certa forma, mais interessante musicalmente do que nossos primeiros álbuns. Mas produzi-lo foi desgastante. "Durante todo o álbum, eu estava com raiva, frustrado", disse Ed. Ele queria fazer solos mais longos e inusitados. Curtia rock progressivo e, nessa época, começou seu fascínio pelo guitarrista britânico de jazz fusion Allan Holdsworth. (Ed até convenceu Ted a oferecer um contrato a Holdsworth, com a intenção de coproduzi-lo. A coisa toda desmoronou antes mesmo de começar. Foi arrogância da parte de Ed querer se envolver.) Dave tinha gostos realmente diferentes – e também objetivos diferentes, que começaram a causar atrito: ele queria ser o mais famoso possível. E estava convencido de que nossos instintos musicais não o levariam até lá. Lembra do mantra dele? "Ninguém sai de um show cantarolando o solo de guitarra."

Mas havia outro problema igualmente explosivo com Dave: Valerie.

"Creio que Dave não gostava da atenção da imprensa voltada para Ed (e Valerie)", escreveu Ted. Isso era óbvio – e inegável – para qualquer um no nosso círculo. O que Dave deveria ter percebido é que toda essa exposição também o beneficiava, por associação. Ed odiava, eu também, porque a atenção estava sendo desviada da música. Mas, com a sabedoria de quarenta anos de retrospectiva, consigo ver que era do nosso interesse que o nome Van Halen circulasse mais. O que importa se alguém ouviu falar de nós pela primeira vez ao ler sobre Ed e Valerie, o casal feliz, em uma revista de fofocas na fila do supermercado? Se isso levou a pessoa a ouvir nossos discos – e gostar deles –, ótimo. Quanto mais gente exposta à nossa música, melhor. "Acho que isso o irritou, porque, de repente, eu estava recebendo um tipo de atenção que ele também queria", opinou Ed. "Tabloides, revista *People*, essas porcarias... Tem gente que vive em função disso."

Ed e Valerie *eram* o casal queridinho da América – ou pelo menos era essa a imagem. Mas, veja bem, eles não sabiam o que estavam fazendo; eram jovens. Embora não tão jovens quanto meu pai pensava: quando soube que Ed estava namorando, assistiu a alguns episódios de *One Day at a Time* para conhecê-la melhor. Mais tarde, ele ligou para o Ed e deixou claro: não aprovava de jeito nenhum. Achava que Ed queria se casar com uma menina de quinze anos. Ed teve que explicar que o pai estava vendo reprises.

Eles ficaram noivos quatro meses depois de se conhecerem, na véspera de Ano-Novo de 1980. Começaram a planejar um grande casamento em Hollywood – com 400 ou 500 convidados – antes mesmo de se conhecerem direito. Caramba, nessa idade eles mal tinham consciência de quem realmente eram. "O padre que escolhemos para a cerimônia nos deu questionários para que pudesse nos conhecer melhor e dizer algo mais pessoal", escreveu Valerie em um de seus livros. "Enquanto preenchíamos os formulários em casa, cada um de nós segurava um pequeno frasco de cocaína. E, se você me perguntar, essa não é a melhor condição para duas pessoas tomarem decisões sobre o resto de suas vidas."

Difícil discordar. Mas eles ficaram juntos por 25 anos, então devem ter acertado em alguma coisa. Casaram-se em 11 de abril de 1981, pouco antes do lançamento de *Fair Warning*. A cerimônia foi na igreja católica Saint Paul – minha mãe ficou feliz com essa parte. Ed seria um homem casado, teria uma esposa católica... e até usaria terno! Na verdade, um smoking branco. Chegou perto.

Nicolette Larson foi dama de honra de Valerie. Eu fui o padrinho de Ed.

Até onde lembro, Dave nem se deu ao trabalho de aparecer na festa.

AGORA O ED TINHA UMA ESPOSA. Dave boicotou o casamento do Ed. E estava na hora de sair em turnê. Não parecia o melhor momento para ficarmos juntos 24 horas por dia, por meses.

Dito isso… como foi a turnê?

Fantástica.

Não consigo explicar. Todo o conflito desaparecia no palco. O público nos via como algo maior do que realmente éramos. E, quando você sente aquela energia vinda de dezenas de milhares de pessoas, ela supera qualquer picuinha entre os membros da banda. Além disso, eu estava em estado de graça! Tocando. Não pensava em nada – só tum-pá, tum-pá, tum-pá. Quando estávamos no palco, estávamos todos ali, presentes no momento. Ed descreveu assim: "Quando o Dave, o Al, o Mike e eu estamos na melhor, a nossa relação não muda muito de quando estamos nos estranhando."

Veja o que escreveu Stephen Holden, famoso crítico do *New York Times*, sobre nosso show lotado em Manhattan, em julho de 1981: "A música que mantém o mercado fonográfico vivo é o heavy metal, um gênero que nasceu do hard rock popularizado pelo Led Zeppelin no final dos anos 1960. E o show triunfante do Van Halen, uma das bandas mais pesadas do gênero, no Madison Square Garden na sexta-feira, foi uma evidência e tanto." Eu, particularmente, não considero o Van Halen heavy metal. Mas gosto quando nos comparam à versão americana do Zeppelin. Isso eu aceito a todo e qualquer instante. Holden ainda escreveu que Ed "empunhava sua guitarra como uma máquina mortífera".

ED SAIU DA CASA DOS NOSSOS PAIS antes de mim, quando se casou. Eu optei por ficar em Pasadena e fazer companhia ao meu pai – era óbvio que alguém precisava estar ao lado da nossa mãe, senão ele não duraria muito. Estava entediado pra caramba.

Minha mãe não gostava de ficar sozinha à noite, então o desencorajava de sair para se divertir. Papai estava meio que esfarelando, bebendo demais, até para os padrões dele. Eu tentava animá-lo – mas, sem música, nem o casamento bastava.

Mikey se casou pouco depois de Ed, com Sue, sua namorada dos tempos de escola. Eles já eram "casados" mesmo. Tirando sua paixão por Jack Daniel's, Mike era um cara bem tranquilo. Enquanto a gente comprava carros, ele colecionava memorabilia do Mickey Mouse. O Van Halen tocou no casamento dele.

Eu também tentei. Casei com uma garota com quem estava saindo havia alguns anos, depois que o Ed se casou. (Durante um tempo, tivemos uma segunda garota morando com a gente. Como foi isso? *Agitado.*) Dois meses depois do casamento, já estávamos dando entrada no divórcio. Então me casei de novo um ano depois. Lembra do que Oscar Wilde disse sobre segundos casamentos? "O triunfo da esperança sobre a experiência."

A terceira é a que vale. Não vou falar dos dois primeiros "experimentos", porque não acho que contem. Eu estava apenas ensaiando para a Stine.

A MÚSICA ME LEVOU ATÉ ELA.

Stine trabalhava como diretora de arte na Warner Bros. em meados dos anos 1990. Na época, eu era o cara da banda para esse tipo de coisa. Na primeira vez que entrei em seu escritório, tudo era limpo e minimalista, exceto por um pufe laranja e um pote verde de picles em cima da mesa. A forma como essas duas cores se destacavam era marcante – um reflexo da vibração de Stine como pessoa. Para ela, design não era apenas trabalho; era uma forma de comunicação. Ela escolheu aqueles dois objetos por causa do efeito que a justaposição teria no observador. No caso, eu. E eu fiquei deslumbrado.

Stine nasceu em Copenhague – minha parte do mundo – e vinha de uma família de artistas judeus individualistas. Conversando com ela naquele dia, me senti em casa. Ela me entendia. Compartilhávamos uma maneira de ver o mundo. As mesmas coisas nos faziam rir. E ela usava minissaia. Tudo era fácil e excitante ao mesmo tempo.

Devo minha vida àquela mulher. Ela me amou o suficiente – e foi forte o suficiente – para dizer que estava indo embora quando me viu afundando no vício. Ainda consigo vê-la saindo porta afora com nossa gata numa caixa de transporte.

Fiquei viciado em benzodiazepínicos durante a turnê de 1995. Eu não conseguia dormir e sentia muita dor. Tinha uma lesão na coluna daquele acidente de barco com Gregg, nos anos 1970, e chegou a um ponto em que certos movimentos me deixavam temporariamente paralisado. Meu pescoço estava me matando e, sem conseguir dormir, meu corpo começou a pifar. O tour manager me deu dois Valiums – e foi maravilhoso. Uau. Dormi pela primeira vez em meses! O alívio foi enorme.

Então, pensei: se dois é bom, seis deve ser ainda melhor...

Quando voltei para casa, já estava completamente viciado. Passei seis meses vivendo num mundo de fantasia. A essa altura, a realidade já havia se dissipado por completo. Minha experiência com os benzodiazepínicos me deu uma noção do desafio monumental que Ed enfrentaria.

Todo mundo da gravadora me ligava, dizendo o que eu deveria fazer, como largar o vício. Mas era nítido que não estavam tentando me salvar – estavam tentando proteger suas próprias fontes de renda. O show tinha que continuar para que todos recebessem seus pagamentos, e eles precisavam que eu voltasse à estrada. Nada disso ajudou.

Stine havia perdido o irmão – um baterista de jazz brilhante – para uma overdose de heroína. Ela conhecia de perto o problema do vício e sabia qual era a única forma de se comunicar com um viciado. (O irmão dela, segundo Stine, era muito parecido com Ed: um prodígio com um dom incrível, mas que tinha problemas para se virar no dia a dia. Para ele, o que era complexo vinha com naturalidade, mas o que era simples era uma luta.) Perder Stine era o único preço que eu não estava disposto a pagar.

Uma vez que eu decido alguma coisa, nada me impede. Stine voltou a morar com Emma – a gata, uma criatura selvagem do centro de Los Angeles. Passei por um inferno durante quatro ou cinco semanas enquanto me desintoxicava: alucinando, gritando, viajando para outra dimensão... E, logo em seguida, a preocupação era a mesma: ter deixado meus sapatos lá. Isso me fazia crer que causaria um caos, já que, se você muda algo em outra dimensão, os efeitos em cadeia na sua podem ser desastrosos. Eu já tinha parado de beber em 1987 e achava que aquilo tinha sido difícil. Mas o álcool não era nada comparado a parar com os benzodiazepínicos.

Durante a abstinência, todos os pedaços de informação que já entraram no seu cérebro parecem ficar completamente embaralhados. E o pior: você não se dá conta disso! Não é como ácido, que você toma esperando ter alucinações. Isso simplesmente te invade e você acredita que é real. Eu ouvia a mesma música se repetindo na cabeça – era Led Zeppelin, claro, mas não consigo lembrar qual – e aquilo estava me enlouquecendo. Dia após dia, não parava. Eu andava pela casa com um gravador, tentando captar a música e perguntando a Stine: "Você está ouvindo? Está ouvindo isso?". Lembro-me claramente de estar na escada, descendo para pegar uma arma e me matar – não porque eu quisesse morrer, mas apenas para fazer a música parar. E, no meio da escada, ela parou. Eu estava livre.

No fim das contas, encontrei um jeito de me proteger – da fama, da indústria musical, do álcool e das drogas. Com Stine, consegui criar um lar, uma zona que não tinha nada a ver com trabalho ou fama.

Ed nunca conseguiu fazer isso.

TREZE

"Para que a arte exista – para que qualquer tipo de atividade ou percepção estética exista –, uma certa pré-condição fisiológica é indispensável: a intoxicação."

– Friedrich Nietzsche

Neurocientistas falam sobre pensamento convergente e divergente: os dois modos mentais que alimentam a criatividade. O pensamento divergente busca originalidade – é quando você deixa sua mente vagar livremente, na esperança de chegar a algo novo. É como um brainstorming: você joga um monte de ideias e vê o que cola. É estar aberto aos caminhos inesperados por onde sua mente quer ir. Nesse estado, surgem ideias desconexas que parecem sem relação, disparando em todas as direções e se cruzando como os fraseados de guitarra do Ed. Ele tinha um dom para isso. E eu tinha um dom para acompanhá-lo – rítmica e emocionalmente. Juntos, éramos criatividade pura. Fazíamos música do nada.

O processo criativo exige isso, claro, mas também envolve o pensamento *con*vergente – a capacidade de sintetizar, absorver múltiplas ideias e referências e transformá-las. Dave era craque nisso. Alguns fãs fizeram um documentário sobre nós e entrevistaram um amigo de escola do Dave, que disse algo certeiro: "Você tem que tirar de algum lugar... e, se isso não vem de dentro, então tem que vir de qualquer coisa ao seu redor." Dave absorvia de tudo: desenhos animados, livros, filmes, musicais – e dava a tudo isso seu toque pessoal. O tempo todo o incentivamos a levar adiante as suas ideias mais loucas. Afinal, queríamos que ele se entregasse por completo, de corpo e alma. Eu não queria que ele fosse só o palhaço!

Sabíamos que sua energia criava um contraponto poderoso ao que Ed e eu fazíamos – como duas cores opostas que, colocadas lado a lado, se intensificam. Laranja ao lado de verde, por exemplo: ambas gritam com você de um jeito quase elétrico. E, se você acerta o tom de cada uma, o contraste pode até ser elegante, sofisticado. Era isso que buscávamos.

Mas acho – na verdade, sei – que Dave ressentia o talento do Ed. Acho que ele se diminuía ao tentar competir com Ed. Bastava valorizar *seu* próprio dom! Nós valorizávamos. A verdade é que Dave queria desesperadamente ser um artista, mas sempre faltava algo. Ele nunca conseguia *sentir* a música de verdade – tudo era muito cerebral. Ele não entendia que é preciso se conectar com algo mais profundo, algo como a força eterna do universo. *É assim* que se faz arte: esvaziando o ego, silenciando a parte calculista do cérebro. Não dá pra *planejar* como tocar na cauda de um dragão.

Para mim, nunca houve profundidade suficiente por trás do entusiasmo teatral do Dave. Parecia que ele achava que trocar de figurino já bastava. Recentemente assisti ao filme *Barbie* (adorei, aliás). Sabe como tem a Barbie Doutora, a Barbie Vaqueira, a Barbie Presidente e por aí vai? Era assim com o Dave: Dave Roqueiro, Dave Carateca, Dave Diretor, sei lá. "A inspiração não vem do nada", disse Dave uma vez a Martha Quinn (alguém se lembra dela?!) na MTV. "Você não fica deitado num quarto escuro e, de repente, uma luz surge e a mão do Senhor diz: 'Aqui, cante uma música'. Não é assim que acontece. Você tem que roubar de alguém."

Acho que Dave invejava profundamente o fato de, para Ed, muitas vezes acontecer exatamente assim. Não que Ed não buscasse inspiração – tudo o que ele fazia era tocar guitarra. E não que ele não tivesse influências: aprendeu com Clapton, Holdsworth e Beethoven, assim como eu aprendi com Ginger Baker e Hal Blaine. Mas ele tinha lampejos de genialidade, momentos de originalidade que só poderiam ter vindo dele – ou *por meio dele*. Porque as coisas realmente boas vêm de outro lugar.

O problema é que, sendo humano, quando todo mundo ama algo que você acabou de fazer, você quer repetir. E repetir. "Às vezes paro e penso: *Nossa, isso foi meio mágico*. Mas esse tipo de coisa não é confiável", disse Ed. "Uma coisa inspirada, feita no improviso, você pensa: *Nossa, como eu fiz isso?* Aí tenta fazer de novo... e não consegue."

Você tenta recriar o momento mágico, exatamente como aconteceu: comer a mesma coisa no café da manhã, calçar o pé direito antes do esquerdo, cheirar a mesma quantidade de carreiras. Músicos tendem a ser supersticiosos – e fomos criados por uma mãe ilhoa, e os ilhéus são as pessoas mais supersticiosas do planeta. (Por exemplo, ela nos ensinou a nunca deixar um copo completamente vazio, sempre deixar um restinho, para manter o equilíbrio.) Você pode passar a vida tentando fazer aquilo acontecer de novo. Sinceramente, acho que foi isso que custou a vida do meu irmão.

As drogas e o álcool faziam parte da fórmula dos nossos primeiros anos, quando estouramos na consciência americana. Voltar a isso várias vezes era também uma tentativa de reviver a fórmula original. A dose certa de intoxicação pode abrir "as portas da percepção" – para usar a expressão de Aldous Huxley. Huxley escreveu sobre como o cérebro filtra os estímulos massivos que recebemos a cada segundo pelos olhos, mãos, bocas, narizes e, para nós, ouvidos. Há tanta informação chegando o tempo todo que, se não bloqueássemos parte dela, não conseguiríamos funcionar – ou enlouqueceríamos. Temos, segundo ele, uma "válvula redutora" que obscurece o que não precisamos captar.

Mas, para fazer música ou arte, às vezes (muitas vezes) você precisa desligar essa válvula. Você precisa sentir tudo. Ouvir tudo. Precisa de um tipo diferente de acesso aos seus sentidos e sensibilidades. E como se faz isso? Absorvendo tudo o que puder alterar sua consciência – o que funcionar para você.

O importante é deixar a mente *fluir*. E, ao usar drogas, a parte crítica do cérebro se cala. Você para de pensar: *Não posso fazer isso porque nunca foi feito.* Isso desaparece. Se alguém disser: "Não perca tempo com isso", tanto faz. É irrelevante. Porque agora você pode simplesmente seguir o fluxo. É por isso que tanta gente criativa experimenta drogas: para silenciar as vozes que impedem a *experiência* artística plena. ("*Are you experienced? Have you ever been experienced? Well, I have*".* Há uma razão para ele ter chamado de The Jimi Hendrix Experience.)

Existem outras formas de acessar esse estado: os neurocientistas identificam padrões cerebrais similares em meditadores experientes e usuários de psicotrópicos. Mas nós não conhecíamos meditação. A única forma que Ed e eu conhecíamos de parar o tempo e deixar o universo entrar na nossa música era por meio das drogas.

* "Você já teve uma experiência? Já passou por isso? Pois eu já."

NO FINAL DE 1981, já estávamos na estrada ou no estúdio havia quatro anos sem parar. Estávamos exaustos depois da turnê de *Fair Warning*; nenhum de nós queria gravar outro disco imediatamente. Precisávamos respirar. E Ed tinha acabado de se casar! Então, para desacelerar sem desaparecer por completo, decidimos começar 1982 lançando um single em vez de um álbum novo.

Em agosto de 1981, a MTV havia sido lançada. O primeiro clipe exibido foi "Video Killed the Radio Star", do The Buggles. Premonitório! Logo de cara, eles disseram: *Aqui está o começo do fim da música por si só. O videoclipe chegou e nada mais será como antes.* Aqueles caras estavam certos: "*In my mind and in my car/ We can't rewind we've gone too far/ Pictures came and broke your heart/ Put the blame on VCR*".* Culpo mesmo! Os videocassetes e a MTV roubaram das pessoas a liberdade de experimentar a música e criar suas próprias imagens e associações mentais.

Naturalmente, Dave queria criar "o filme caseiro mais luxuoso já feito" e colocá-lo no ar. E isso foi no começo, então tenho certeza de que todos nós sentimos que os videoclipes eram uma novidade, algo diferente que poderíamos tentar e que talvez fosse até divertido. Não fazíamos ideia do que viria pela frente.

Decidimos fazer um cover, já que o clipe era realmente o foco. Dave queria "Dancing in the Street". Ed preferia "(Oh) Pretty Woman". Dave era muito esperto com essas coisas – provavelmente cedeu ao Ed porque sabia que, assim, ele não desistiria completamente da ideia do vídeo. (Basta olhar para a cara do Ed no nosso primeiro clipe e você terá uma boa ideia de como ele ficou *animado* com aquilo!)

---

* "Na minha mente e no meu carro/ Não podemos rebobinar, fomos longe demais/ As imagens vieram e partiram seu coração/ Culpe o videocassete."

O conceito era simples: uma donzela em perigo; o Van Halen indo ao resgate. Só que, como era a gente, tudo teve que ser distorcido. A donzela era um cara de vestido (com pernas lindas, aliás). A angústia era que ele havia sido capturado e amarrado a alguns postes, e nós éramos quatro heróis arquetípicos diferentes aparecendo para salvá-lo: Mikey era um samurai; eu era uma espécie de Tarzan sem camisa, de tanga – e com óculos modelo aviador! HA! Ed era um caubói, e Dave, Napoleão, com mais maquiagem no rosto do que o sujeito de peruca.

Lançamos nosso clipe no início de 1982. Em poucas semanas, ele foi banido – primeiro no Japão, depois na Austrália. Aquilo feriu a sensibilidade delicada deles; não éramos bem-vindos nem nas ondas do rádio. Mau sinal, certo? Não para nós. Toda essa polêmica gerou muita repercussão na imprensa e, de repente, deixamos de ser apenas os caras que tocam música alta, fazem guerras de comida bêbados e odeiam M&M's marrons – nos tornamos vítimas da censura! Arautos da liberdade de expressão! Eu amo os Estados Unidos.

Nossa versão de "(Oh) Pretty Woman" começou a subir nas paradas. Bom sinal, certo? Não para nós. Porque, agora que tínhamos um sucesso, a Warner Bros. ia querer lucrar com ele. E, para isso, precisava de um disco para vender – antes que a música saísse do rádio. Eles insistiram que gravássemos um álbum às pressas para acompanhar o single. "Calma, fizemos isso só para continuar no mercado, para que as pessoas soubessem que ainda estávamos vivos", disse Ed a Jas Obrecht em uma entrevista de 1982. "Mas eles continuaram pressionando: 'Precisamos de um álbum, precisamos de um álbum', então voltamos imediatamente, exaustos, sem termos nos recuperado da turnê, e começamos a gravar." Em vez de dar uma pausa no ciclo anual de gravação e turnê, acabamos acelerando ainda mais o ritmo.

Como você grava um disco às pressas e sem músicas? Com um monte de covers. Agora, lembre-se: estávamos fartos de tocar covers. Ninguém ficou satisfeito com a forma como nosso quinto álbum surgiu. "Muita coisa no *Diver Down* foi improvisada", admitiu Ted. "Não é surpresa que tenhamos gravado cinco covers. Como produtor deles, isso me frustrou... simplesmente não tivemos tempo suficiente para trabalhar no disco."

Dave também se tornou um problema por estar cada vez mais ciumento do sucesso de Ed. Ele demonstrava essa inveja desestimulando as ideias dele e dizendo "chega de solos" sempre que tinha oportunidade. Segundo Ed: "Um dia, quando o Dave não estava lá, eu disse: 'Ted, o que você acha disso? O que você acha daquilo?'. Toquei para ele 'Little Guitars', a introdução, aquela coisinha que soava meio flamenca, e 'Cathedral', e ele ficou tipo: 'Meu Deus! Por que diabos você não me mostrou isso antes?'. E eu expliquei: o Dave só dizia 'foda-se essa babaquice de *guitar hero*, você sabe, nós somos uma *banda*'."

Ted valorizava mais do que Dave o impacto épico dos solos de guitarra do Ed nos nossos discos. Esse era o lado bom. O lado ruim era que Ted tinha seu próprio ponto cego – compreensível, considerando sua lealdade à Warner Bros., mas ele estava *completamente equivocado*.

Entenda o que quero dizer: o Ed criou a progressão de acordes de "Jump" – nosso maior sucesso, nosso único single número um, um hino que se tornou icônico no mundo todo e provavelmente sobreviverá a tudo o que fizemos – em 1982. (Ela evoluiu da introdução de "Hear About It Later", uma música que Ed compôs para o *Fair Warning* – é basicamente a mesma progressão de acordes, o mesmo tema, só que acelerado e reorquestrado.) Ed mostrou para todo mundo, esperando que a incluíssemos em *Diver Down*. Dave achou uma merda. E, depois de todas as reclamações sobre "essa babaquice de *guitar hero*", Dave ainda teve a audácia de dizer a Ed que ele não deveria tocar outro instrumento: "Você é um *guitar hero*, ninguém quer te ouvir tocar teclado". *Pô, Dave! Decide aí!*

O mais maluco é que o Ted concordou com ele! Ele nunca gostou do som de "Jump". Me desculpa, mas se você ouve aqueles acordes e não se emociona, você não está vivo. É como a Quinta Sinfonia de Beethoven: *tã tã tã TÃ*. Uma sequência de notas tão icônica que é impossível esquecer. "Eu pensei: 'Como você pode não enxergar isso?'", disse Donn sobre Ted não querer gravar a música.

Pense na abertura de "Jump". Você consegue se imaginar ouvindo aquilo e pensando: "*Nah, nada a ver isso aí. Próxima*"?

Você pensaria que Ted – um produtor premiado com discos de platina, vice-presidente sênior da Warner Bros. – ficaria envergonhado por não ter reconhecido um sucesso instantâneo quando o ouviu! Mas não. Quarenta anos depois, ele ainda não se conforma e escreveu no livro dele: "Esse riff soa como o teclado que a gente ouve entre os *innings* num estádio de beisebol". *O engraçado é que essa é a definição de hino!* "Se o Van Halen for usar teclados, eles têm que soar desagradáveis, como em 'And the Cradle Will Rock...' ou 'Sunday Afternoon in the Park'. Têm que estilhaçar seus sentidos e fazer seus ouvidos sangrarem." *Ted! Isso é música. Se soa bem, é bom!*

Havia muita tensão entre nós. Além disso, estávamos todos exaustos e desmotivados. Não visávamos sair em turnê às pressas, e lançar mais covers era a última coisa que queríamos. "Odiei cada minuto do processo", confessou Ed sobre *Diver Down*. "Sério, Van Halen tocando 'Dancing in the Street'? Ridículo. Comecei a sentir que preferia fracassar tocando minhas próprias músicas do que fazer sucesso com as dos outros." Escolhemos, para a capa do disco, a bandeira vermelha e branca que indica a presença de mergulhadores abaixo da superfície – uma imagem batida para um disco de músicas batidas.

Na contracapa do *Diver Down*, colocamos uma foto que eu sempre amei: nós quatro no palco nos despedindo de um mar de fãs ao fim de um show. E veja só: que multidão! Bem... é um público dos Stones! HA! Foi na tarde em que abrimos para os Rolling Stones em Orlando, em outubro de 1981. Mais um exemplo da nossa genialidade em marketing. (Conseguimos permissão para usar a imagem, é claro, e demos o nosso máximo naquele show, como a foto mostra.)

Acredite se quiser: *Diver Down* vendeu mais que *Fair Warning*. Teve melhor desempenho nas paradas, chegando ao terceiro lugar. E, pela primeira vez, por influência do Dave, metade das músicas não tinha solos de guitarra. Ed ficou tão frustrado – com as brigas com Ted por causa de "Unchained", com as tretas com Dave por causa de, bem, tudo – que quis acabar com a banda. Chegamos a sair no tapa por isso nos bastidores. "Você está maluco?", questionei. "Depois de tudo o que fizemos para chegar até aqui?" Achei que, se jogássemos tudo para o alto, seria um erro gigantesco – e que o Dave sairia por cima.

Mas teve uma coisa indiscutivelmente incrível no *Diver Down*: conseguimos que nosso pai tocasse no disco. A ideia de gravar um cover de "Big Bad Bill (Is Sweet William Now)" partiu do Dave. Ele tinha um walkman – e, se ouvisse algo interessante no rádio, gravava. "Se ele apontasse a antena numa certa direção, pegava uma estação estranha... nem sei que tipo de música era aquilo", disse Ed a Jas Obrecht. "Ele tocou pra gente e a gente caiu na gargalhada. Pensei: 'Isso é ruim demais! Eu topo!'" Era um estilo tão inesperado para a gente – todos adoramos a ideia de incluir um quinteto dos anos 1930 num disco do Van Halen.

Também foi ideia do Dave chamar nosso pai para tocar clarinete nessa faixa. Talvez tenha sido uma jogada estratégica, mas não me importa o motivo. Sempre serei grato ao Dave por ter feito isso acontecer. O resultado ficou demais.

Nosso pai já estava passado do auge e doido para sair de casa. Aquilo foi uma ótima forma de envolvê-lo na banda – e, claro, na nossa música. Foi uma experiência muito comovente gravar com ele. Ele estava inquieto, e agora era a nossa vez de guiá-lo num ambiente profissional. Passamos a vida admirando ele, ouvindo suas explicações sobre como as coisas funcionavam, especialmente quando o assunto era tocar. E agora os papéis se inverteram. "Ele estava nervosíssimo e a gente só dizia: 'Jan, relaxa e se diverte! A gente também erra, é isso que deixa tudo real'", contou Ed. "Adoro o que ele tocou. Mas ele ainda pensa como se fosse dez anos atrás, quando fumava, tocava jazz, essas coisas. Agora não dá mais: ele está de dentadura. Quando você toca instrumento de sopro, precisa manter o tônus muscular dos lábios – e os dentes têm um papel importante nisso. E, quando está de dentadura e ainda por cima sem um dedo... tivemos que insistir para ele topar. Mas, porra, era exatamente o que queríamos." Tentamos convencê-lo a subir no palco conosco em Los Angeles, mas ele recusou.

Ouvir seu clarinete – a música toda – é algo muito especial pra mim. É a única gravação realmente boa com os três Van Halen tocando juntos.

Naquela época, o nariz do meu pai já estava com a cor alterada por causa da bebida. Se a gente conhecesse o AA, talvez o tivéssemos colocado num programa, mas na época não sabíamos absolutamente nada sobre isso. Nunca tínhamos ouvido falar nos Doze Passos. Ele estava se deteriorando diante dos nossos olhos. Depois que teve um infarto em 1986, ele me disse: "Alex, não quero mais ficar aqui".

Na boa? Fiquei com vontade de dar uma surra nele. *Você não vai morrer agora, você só tem 66 anos! Eu ainda preciso de você.* Pra mim, quando alguém vira pai, abre mão do direito de morrer cedo. Teve dias em que eu sentia tanta dor que queria largar tudo e sair do palco – mas tenho dois filhos e não vou a lugar nenhum por vontade própria. Quando você coloca outra pessoa no mundo, acho que o mínimo é estar presente o máximo possível.

Mas meu pai estava mal demais. Uma vida inteira de bebida tinha destruído seu corpo – e afetado seriamente sua mente. Os órgãos começaram a falhar e ele morreu poucos meses depois. Seu desejo foi atendido.

Fiquei arrasado. Entramos no estúdio – o Mikey estava lá – e tocamos por quatro ou cinco horas, sem parar. Era a única forma que conhecíamos de lidar com aquela dor.

Eu desmoronei. Minha relação com o álcool se tornou mais intensa e complexa do que nunca. Por um lado, eu estava arrasado – talvez até com raiva – porque meu pai basicamente morreu de tanto beber. De repente, o álcool passou a ser visto como veneno: algo que pode matar você, matar seu pai, arruinar sua vida. Por outro lado, beber era o que eu e ele fazíamos juntos. Sinto uma falta imensa dele. Nunca mais vou vê-lo. E era assim que a gente se conectava. O que mais eu podia fazer? Além da música e do sangue, o álcool foi a coisa mais significativa que compartilhamos.

Hoje vejo que, naquela época, eu bebia do momento em que acordava até a hora de dormir.

CATORZE

> Não sei o que vai acontecer no futuro – talvez alguém da banda deixe o ego falar mais alto ou algo assim. Mas eu adoraria que o Van Halen durasse para sempre... Estou sendo pressionado de todos os lados: "Você toca no meu disco? Faz isso? Faz aquilo?" E eu respondo: "Não. O Van Halen é minha família. Não vou lavar a louça dos outros. Só lavo a louça pro Van Halen."
>
> *– Edward Van Halen,* **Guitar Player***, 1980.*

> Não fazíamos quase nada separados. A ideia era que tudo o que um fazia, o outro fazia também, principalmente na música. Qualquer desvio disso era esquisito.
>
> *– Eu, 157 páginas atrás.*

Então, em 1980, com base na citação acima, o Ed havia entendido o conceito: quando você está numa banda, todo o seu esforço deve ser direcionado a ela. Não funciona se você dispersar sua energia em várias direções. Para uma banda ter sucesso, todos precisam estar focados em impulsionar aquela entidade coletiva adiante – como uma missão em conjunto. Foi assim que chegamos onde chegamos.

Mas então o Ed recebeu uma ligação do Quincy Jones, em 1982, convidando-o para tocar no disco do Michael Jackson – e, de repente, todo esse conceito foi por água abaixo. Ele me perguntou se eu achava que devia fazer aquilo. E eu respondi:

– Não! Pensa bem: eles querem você para ampliar o apelo do Michael. Se você quer ampliar o *nosso* apelo, o Michael é que deveria estar no *nosso* disco! Não interessa ao Van Halen que você toque com outros artistas. Por que gastar sua criatividade em outra pessoa, se ela é limitada?

Não quer dizer que nunca tínhamos lidado com algo assim antes. Quando gravávamos nosso segundo disco, Ted estava produzindo, ao mesmo tempo, um álbum da Nicolette Larson e pediu para o Ed gravar algumas guitarras. Dave não gostou: "Eu me coloquei bem no meio deles e disse: 'De jeito nenhum! Vocês não vão sair carregando partes do cenário antes da peça começar'", declarou ele. Ed queria tocar. E Dave disse: "Ótimo. Mas então coloca um ponto de interrogação no lugar do seu nome. Tem que manter tudo dentro do grupo." Ed entendeu isso na época e aceitou. Dá para ouvi-lo claramente em algumas faixas de *Nicolette*, mas o nome dele não aparece nos créditos.

Uma banda precisa ser um por todos e todos por um, senão ela se desfaz. O episódio com o Michael Jackson não foi diferente.

– Quer você goste ou não, você é uma mercadoria valiosa, Ed – eu disse a ele. – Estão te usando, e você não está ganhando nada com isso. E a banda também não.

– Certo, entendi. Você tem razão – respondeu ele.

Viajei no fim de semana. Quando voltei, descobri que ele tinha feito mesmo assim!

Fiquei furioso. Tivemos uma briga daquelas... e depois várias versões menores dessa mesma briga ao longo dos anos, porque as consequências foram duradouras. Eu não conseguia entender o que ele estava pensando. *Papai sempre dizia: tudo o que você fizer na vida, faça com foco. Luz espalhada não passa de um borrão. Mas concentre essa luz num feixe de laser e ela perfura uma superfície.*

Por que você desperdiçaria sua energia?! A inspiração é finita.

– Eu só fiquei no estúdio por uma hora – disse o Ed. – Nem recebi nada. Não é grande coisa. E quem já ouviu falar desse moleque, afinal?

– Você está na indústria musical, Ed! E está perguntando *quem vai ouvir isso?!*

"Beat It" chegou ao primeiro lugar no mundo todo. A participação do Ed no *Thriller* virou um dos solos de rock mais icônicos de todos os tempos... *e não estava num disco do Van Halen*. E não foi só um solo: ele rearranjou a música inteira. ("Ouvi a faixa e pensei na hora: 'Posso mudar umas partes aqui?'. Virei pro engenheiro e disse: 'Do *breakdown*, corta essa parte, vai direto pra esta aqui, depois pré-refrão, refrão e final.' Levei uns dez minutos pra montar. Aí comecei a improvisar dois solos em cima", contou Ed, em entrevista para a TV.) A contribuição musical do Ed em "Beat It" foi bem significativa.

E ele nem avisou o Dave. A música saiu no início de 1983, logo depois da etapa sul-americana da turnê *Diver Down Hide Your Sheep*. (Slogan: "Onde homens são homens e ovelhas têm medo!") Quando o Dave ouviu aquilo no rádio, achou que alguém estivesse plagiando o meu irmão. Ao perceber que era mesmo o Ed, sentiu-se traído. E, sinceramente, do jeito como o Ed fez, eu também me senti.

Veja bem: o Ed é meu irmão e eu sempre vou ficar do lado dele. Mas aquilo deu munição para o Dave justificar seus próprios desvios da banda. Acabou virando um jogo de olho por olho entre os dois – e não começou com o lance do Michael Jackson. Já estava em andamento e só se intensificava.

Dave estava irritado porque Ed o ofuscava na imprensa com a Valerie.

Ed estava irritado porque Dave cabulou sua festa de casamento.

Dave se ressentia porque Ed era um prodígio musical – chamava a atenção como indivíduo, como virtuose, fora do contexto do Van Halen.

Ed se irritava com Dave porque ele implicava com quase todas as faixas instrumentais dos discos.

E por aí vai – brigas grandes e pequenas, criativas e técnicas, sonoras e visuais, intelectuais e tolas.

ED SE ENVOLVEU EM OUTRO PROJETO PARALELO na mesma época – bem mais discreto do que tocar em *Thriller*, mas que acabou sendo igualmente importante. Ele fez amizade com Frank Zappa, que morava perto dele em Coldwater Canyon, para onde Ed havia se mudado com Valerie. Foi ali também que Ed conheceu Dweezil, o filho de 12 anos de Frank – e, cara, ele foi muito generoso com o garoto. Deu a ele uma de suas guitarras e ainda o ensinou a tocar algumas músicas. ("Claro que pedi para o Edward tocar 'Mean Street' e 'Eruption'", contou Dweezil. "Eu pude assistir de perto. As técnicas que ele usava ficaram gravadas na minha cabeça para sempre.") Mas olha só essa: Ed e Donn toparam produzir o primeiro single do Dweezil – e o moleque ainda estava no ensino fundamental! Eu não sei o que passou pela cabeça deles. Tivemos uma briga feia por causa disso... "Você tá maluco?! Primeiro quer fazer um solo de cinco minutos no disco dos outros e agora quer produzir um pirralho de doze anos?!

Só porque o pai dele disse que você reinventou a guitarra? Você enlouqueceu?" Pelo menos tiveram o bom senso de não assinar com o nome verdadeiro. No disco, os produtores aparecem como "The Vards"... um trocadilho com a forma como minha mãe pronunciava *Edvard*.

O próprio Frank Zappa tinha ficado oito anos na Warner Bros., mas saiu em maus termos – dizia que a gravadora limitava sua liberdade criativa, algo que, para nós, estava começando a soar familiar demais. Desde então, ele vinha trabalhando de casa, em seu estúdio caseiro. E foi nesse estúdio que Ed e Donn gravaram o single de Dweezil – e acabaram percebendo algumas coisas importantes.

Num estúdio caseiro, você pode passar o tempo que quiser se divertindo, gravando, ouvindo, ajustando o som e por aí vai. Não precisa pagar por hora de estúdio nem lidar com um produtor te apressando. Pode moldar o espaço ao seu gosto e às suas necessidades – são milhões de pequenas decisões que tornam tudo mais pessoal, mais afinado com você como músico. E talvez o melhor de tudo: dá para trabalhar a qualquer hora, dia ou noite, sempre que bater a inspiração. Se forem quatro da manhã e você quiser gravar alguma coisa, é só sair da cama e começar. E Ed, nessa época, já era praticamente um notívago. (O que não era exatamente ideal para a esposa dele, que precisava estar no set em horários razoáveis. Deve ser um saco ser casada com um morcego.)

Depois de algumas semanas na casa do Zappa, Ed saiu com uma certeza: a única maneira de ter liberdade criativa total era construir seu próprio estúdio em Coldwater Canyon. E agora que era casado com uma estrela de TV rica, isso estava totalmente ao seu alcance. (Aliás, sobre a casa e o dinheiro: quando eles se casaram, minha mãe foi visitar o lugar onde o filho ia morar. Valerie tinha um monte de antiguidades. Depois da visita, minha mãe ligou pro Ed e disse: "Você não pode comprar móveis novos? Eu te empresto o dinheiro.")

Valerie também gostou da ideia de construir um estúdio. Como a gente vivia viajando, tenho certeza de que ela curtia a ideia de que, quando Ed estivesse em casa, ele estivesse *realmente* em casa – e não trancado o tempo todo no Sunset Sound ou no Amigo Studios. Ed e Valerie se revezaram em uma Caterpillar para demolir uma parte da antiga casa de hóspedes e abrir espaço para a gente.

Drew, um dos Nellies, morou lá com a namorada por um tempo. Como ele trabalhava com construção, achamos justo dar a ele a tarefa de erguer o estúdio – uma forma de compensar por termos tomado a casa dele. Donn fez o projeto, e Drew construiu junto com um cara chamado Ron Fry, que bolou uma solução genial para nosso maior problema: não dava para conseguir uma licença para construir um estúdio em área residencial. Mas aí o Ron teve a sacada: "Um estúdio não pode ter janelas e precisa ser à prova de som, certo? Então vamos pedir licença para construir uma quadra de squash... e depois a gente transforma." (As autoridades nem pensaram duas vezes antes de aprovar. Eram os anos 1980, toda celebridade queria ter uma daquelas malditas quadras de squash.) Funcionou: conseguiram a licença, construíram a tal quadra e, por umas três semanas, ainda jogamos squash de verdade. As paredes de concreto eram espessas o suficiente para bloquear qualquer interferência da torre de rádio de cinquenta mil watts que ficava a alguns quilômetros dali. Ed sempre foi bom em reformar coisas – guitarras, carros –, então achou simbólico que seu estúdio tivesse começado como outra coisa.

"A gente fez tudo praticamente de graça", me disse Donn outro dia. "A história dos estúdios caseiros naquela época era sempre a mesma: os caras gastavam uma fortuna e depois faziam discos que não vendiam, e o estúdio virava um peso morto. Eu não queria que isso acontecesse." Ele sabia que, mesmo tendo vendido milhões de cópias, ainda não estávamos financeiramente onde deveríamos estar. Todo o nosso dinheiro ainda ia para a banda. Pode parecer exagero, mas essa era a real: a grana ainda era bem apertada. "Comprei um gravador de dezesseis canais por quatro mil dólares", lembrou Donn. "A mesa de som era de 1961. Tínhamos um orçamento de cinquenta mil dólares para tudo – equipamentos, gravadores, microfones, todo o estúdio – e ainda conseguimos ficar abaixo desse valor." Quando começaram a construir o 5150, a ideia era apenas ter um "clube", um espaço onde pudéssemos experimentar. "A gente não achava que faria nada realmente significativo ali", disse Donn – e essa também é minha lembrança. "E então, é claro, acabamos fazendo um disco de bastante sucesso."

Ed cuidou da decoração: havia uma janela com duas camadas de vidro entre a minúscula sala de controle e o estúdio principal. Entre os dois painéis, Ed enterrou uma piranha que tinha trazido da Argentina e colocou um cigarro na boca dela. O recado era bem claro: naquele estúdio, *não havia área para não fumantes*. Na maioria das vezes, Ed estava com um cigarro na boca, outro preso na ponta da guitarra e mais um queimando em algum cinzeiro esquecido.

Um dia, seu amigo Steve Lukather, guitarrista do Toto, foi conhecer o local. Ed foi mostrando o espaço: aqui é a sala de controle, ali o estúdio, e – ah! – aqui é onde eu guardo minha arma! Ed tinha acabado de comprar um revólver Magnum calibre 44 – que, para quem entende de armas, é uma escolha absurda para autodefesa: praticamente um canhão. Ele estava acostumado com uma Colt, mas esse modelo era um Smith & Wesson, cujo tambor gira no sentido contrário. Então, ao verificar o tambor e não ver balas, achou que estava descarregado. Resultado: *KABOOM*. Ele abriu um buraco na parede de concreto; a bala atravessou de lado a lado.

Donn inventou um nome à altura para o lugar: 5150. É o código policial na Califórnia usado para designar internação involuntária de uma pessoa com transtorno mental que representa risco a si mesma ou a outros. (Na época, Donn morava em Malibu e ficava ouvindo seu rádio de emergência para monitorar incêndios florestais nas montanhas, então acabou aprendendo todos os códigos da polícia.) Todo mundo dizia que éramos malucos por construir um estúdio, já que tínhamos total acesso a instalações de primeira linha em Los Angeles. Chamar o estúdio de 5150 foi nosso jeito de assumir o espaço como nosso hospício particular.

Como você pode imaginar, as coisas ficaram realmente malucas quando começamos a trabalhar lá. Dizer que houve disputas de poder durante a gravação do nosso próximo álbum – o maior e melhor de todos os tempos, na minha opinião – é o *eufemismo do século*.

ASSIM QUE O 5150 COMEÇOU A FUNCIONAR, passamos a gravar a qualquer hora do dia – e, claro, da noite. Era um lugar divertido! O clima era sossegado, sem pressão de tempo. Quase todas as noites, eu ficava até as três da manhã, e o Donn e o Ed muitas vezes continuavam depois que eu ia embora. (Lembre-se: eu era o cara que não usava cocaína!) Não havia ninguém ali para nos dizer que teclados eram uma má ideia ou que o Van Halen deveria ser apenas heavy metal. Era tão livre quanto nas nossas bandas de infância, onde podíamos tocar e experimentar à vontade.

Ed e Donn se tornaram grandes amigos, e nós três tínhamos uma verdadeira fusão de ideias. Tínhamos tempo e espaço para qualquer maluquice: Donn chegou a posicionar microfones pequenos na Lamborghini do Ed porque achamos que poderíamos usar o som do motor em marcha lenta – que acabou sendo usado em "Panama". Depois veio o "Stereo Séptico": Drew Bertinelli tinha deixado um monte de tralhas na casa de hóspedes, e perto dali havia um buraco onde antes funcionava a fossa séptica, antes da instalação de um sistema de esgoto. Pensamos: *Humm... o que será que podemos colocar aí?* Um dia, jogamos todo o entulho do Drew no buraco, e Donn gravou tudo. Lembro que o aspirador de pó Electrolux morreu aos poucos e fez uns sons incríveis no processo.

Na verdade, estávamos microdosando ácido enquanto trabalhávamos no álbum que se tornaria *MCMLXXXIV* – isso mesmo, *1984*! – para explorar novos territórios criativos. Hoje todo mundo fala que psicodélicos são bons para a criatividade. Com base nos nossos intensos experimentos... posso confirmar que há algo de verdadeiro nisso.

Ted não gostou da situação: "Por dentro, parecia uma obra inacabada. Tábuas de madeira expostas, fios por toda parte. Os *patch bays* nem tinham código de cores, então só o Donn entendia onde era entrada e saída." Ele também se incomodava com o tamanho do estúdio, menor que os que costumava usar. "Parecia que eu estava trabalhando na banheira, tudo era muito apertado."

A gente não ligava. Não precisávamos mais de salas enormes, porque agora eu estava usando um kit eletrônico Simmons e o som ia direto para a mesa. Assim, eu e o Ed podíamos tocar lado a lado enquanto o Donn gravava as faixas sem se preocupar com vazamento de som entre os instrumentos. (Aliás, fico muito irritado quando as pessoas reclamam de bateria eletrônica. Quando você toca uma bateria acústica no palco ou estúdio, o som que o público ouve vem dos microfones – ou seja, já é eletrônico! A única maneira de ouvir uma bateria acústica de verdade é se estiver colado nela. Ninguém ouvia minha bateria assim desde os tempos de festas no Centro Comunitário Judaico de Pasadena.) Essa sensação de obra inacabada no 5150 persistiu por muito tempo, mesmo depois que o estúdio ficou "pronto". Mas não nos importávamos. Nosso objetivo era sermos inventivos! Ficaria pronto quando *morrêssemos*.

O 5150 era o lugar onde Ed finalmente se sentia livre para criar. "Ele estava sempre soldando ou montando alguma coisa, criando algum tipo de equipamento estilo Frankenstein", lembra Steve Lukather. "A oficina dele estava sempre aberta; era a primeira coisa que você via ao entrar no 5150 – lá estava sua bancada, com todas as ferramentas e projetos. Ele vivia tirando o braço de um instrumento e colocando em outro, ou trocando captadores. Estava sempre em busca de algo novo, mesmo que isso rendesse apenas uma música. É por isso que ele era o Ed. Ele não fazia as coisas como todo mundo."

Donn me disse recentemente que ainda acha que "Jump" nunca teria sido gravada sem o estúdio 5150 – e sei que o Ed achava o mesmo. "'Jump' foi nosso único single a alcançar o número um, e, acredite se quiser, construí meu estúdio justamente para colocar essa música no disco, porque todo mundo odiava", disse meu irmão a Steve Baltin, outro jornalista de rock. "Alex e eu gravamos tudo. Algumas pessoas não quiseram participar... Sempre fui contra esse tipo de gente que dizia: 'Isso não parece Van Halen'. Bem, o que é Van Halen? Van Halen é qualquer coisa que eu componha, afinal, sou eu quem escreve todas as músicas."

Não era só "Jump" que o Dave e o Ted rejeitavam. Os dois eram contra o Ed tocar teclado, ponto. (Dave chegou a dizer que o sintetizador "sintetizava a dor", num tom claramente hostil.) Eles tinham uma ideia fixa sobre o nosso som – e, pra gente, isso era um baita limitador. "Eu disse: 'Espera aí. Eu contratei uma banda de heavy metal'", escreveu Ted. "Achei que esses caras deveriam permanecer nesse lugar e não partir para o pop." *Isso vindo do cara que nos fez gravar "Dance the Night Away"?!*

Quantas vezes eu vou ter que repetir? O Van Halen NÃO é uma banda de heavy metal.

Somos músicos!!!!!!!!!!!!!!!!!!!!

Pausa para respirar.

Mas, sério, foi muito frustrante pro Ed – pra nós dois – ouvir que ele não deveria evoluir como artista, que não podia explorar instrumentos ou ideias novas. Você lembra como crescemos? Nosso pai dizia que dava pra fazer música até com uma cadeira! A graça era justamente inovar, criar. E se você tem a sorte de ter uma ideia que foge de tudo que já fez? Agarre com unhas e dentes! É exatamente esse o propósito do que fazemos! Isso aqui não é o Gazzarri's. A gente não vai virar uma jukebox ambulante tocando só os "clássicos dos anos 1970" do Van Halen.

Não pensávamos em "ficar pop". O Ed, na verdade, estava ouvindo muita música clássica quando criou o riff de "Jump". Olha, o que é pop pra mim pode ser metal pra você. Esses rótulos são só estratégias de marketing – não dizem nada de verdade. Vou repetir: *é música*. Se soa bem, é bom. Era isto que a gente queria: fazer algo excelente. E acho que conseguimos em *1984*. Foi o álbum que mais se aproximou do som que sempre buscamos... continua sendo o disco de que mais me orgulho e que mais gosto de ouvir. O Ed sentia o mesmo.

O título original do álbum era *Animal Farm* – estávamos muito na *vibe* de Orwell, refletindo sobre poder, controle e o jeito como os humanos vivem em constante conflito. Afinal, nós estávamos brigando também. "O Ed, e o Al também, começaram a me ver menos como um colaborador e mais como alguém que queria cercear a liberdade deles de fazer o que bem entendessem com o disco", escreveu Ted. E ele não estava errado. É irônico: Ed largou o piano como uma forma de se rebelar contra a mãe. Quando ele volta a tocar, é encarado como um rebelde, mas agora pelo nosso produtor.

Graças ao 5150, tivemos todo o tempo do mundo pra aperfeiçoar "Jump". E, no fim, até convencemos o Ted. ("Donn, trabalhando com Ed e Al, conseguiu gravar algo grandioso", admitiu ele. Bom, antes tarde do que nunca.)

Aí veio o verdadeiro desafio: convencer o Dave. Foi uma novela. "Fazer aquele cara cantar a droga da música foi como arrancar dentes", como disse o Ed. Mas tenho que dar o braço a torcer: quando Dave finalmente parou de reclamar e escreveu a letra, ele mandou muito bem. (Ted chegou a temer que Dave estivesse escrevendo uma música incentivando o suicídio: "Quer se matar, otário? Vai lá e pula." Mas, segundo Ted, Dave explicou: "Não, Teddy! Não é isso. Quero dizer que você precisa encontrar sua coragem. Se arriscar! Chamar aquela garota linda pra dançar, mesmo que ela diga não. Você tem medo de ser rejeitado, mas a vida é isto: rolar os dados e ir em frente, dar um salto de fé e pular!" Difícil discordar.) A letra era perfeita para os acordes e aquele som. Inspiradora. Um verdadeiro hino: "*I get up and nothin' gets me down/ You got it tough, I've seen the toughest around/ And I know, baby, just how you feel/ You got to roll with the punches to get to what's real.*"* Logo, dezenas de milhares de fãs estariam gritando essas palavras de volta pra gente.

Robert Lombard, que dirigiu o clipe de "(Oh) Pretty Woman", era um cara de quem gostávamos. Queríamos trabalhar com ele de novo em "Jump", mas não havia chance de nos envolvermos com uma superprodução como a do vídeo anterior. Fomos claros com o Lombard: *minimalista*; *pessoal*. Era isso que o Ed e eu queríamos. O clipe podia complementar a música – dar um toque extra –, mas não ia ser o foco. O foco era a música.

* "Eu me levanto e nada me derruba/ Você tem dificuldades? Eu já vi piores por aí/ E eu sei, baby, como você se sente/ Você tem que encarar os perrengues pra alcançar a realidade."

Dave não ficou satisfeito com a ideia de um clipe simples. Pra ele, era uma chance de filmar mais das suas loucuras... e de mandar em um monte de gente no processo. "Ele queria que o clipe intercalasse a performance com cenas malucas dele dirigindo seu *Merc* picado, andando com anões e garotas vestidas de empregadas", contou Lombard. "Gravamos por horas." Era tudo exagerado, sem sentido – e muito mais sobre o circo que era a mente do Dave do que sobre o Van Halen. No fim, ficou o vídeo que você conhece e ama: direto ao ponto, mostrando a gente fazendo o que sabe fazer melhor. Mas o processo foi tudo, menos harmonioso. "Não filmei os dois juntos até o fim do dia. Estava tentando manter a paz, porque dava pra sentir a tensão entre eles", acrescentou Lombard.

Qualquer um que se aproximasse da banda sentia – e qualquer um podia apontar a causa: como o próprio Lombard disse, "o David achava que era maior que o resto da banda".

TODOS OS NOSSOS OUTROS ÁLBUNS foram gravados em uma ou duas semanas. *1984* levou quase um ano. Houve interrupções: fomos tocar no US Festival – e recebemos um milhão e meio de dólares por isso! (Parecia uma quantia absurda na época; era algo inédito. Esperávamos que marcasse o início de uma nova era em que o Van Halen *finalmente* ganhasse dinheiro – em vez de só gerar lucros para os outros.) Depois, fizemos uma pausa para o Ed compor a trilha de um dos telefilmes da Valerie – o que, para ser honesto, não nos empolgava nem um pouco. Mas o principal motivo de o disco ter demorado tanto para ser concluído foi simples: porque *podíamos.*

"Eu e o Ed tínhamos um pacto", me disse Donn na última vez que o encontrei. "*Não vamos fazer isso de qualquer jeito*, era o que a gente dizia. Íamos para o estúdio e só saíamos de lá depois de conseguir exatamente o que queríamos." Eles ficavam acordados por 24 horas seguidas – em maratonas de tocar, gravar e ajustar os detalhes. Acho que esse é o risco, mas também o benefício, de ter seu próprio estúdio em casa: você pode simplesmente esquecer que o resto do mundo existe.

Como você pode imaginar, Valerie não estava nada feliz com os rumos que as coisas tomaram – claro, o Ed estava por perto, mas não era como se ele estivesse "em casa". "Ela era a mais preocupada de todos", escreveu Ted. "Ela me ligava e dizia: 'Ted, eles estão lá dentro há dois dias. Você pode vir tirá-los de lá?'"

Naquele momento, o trabalho era a nossa ideia de diversão. Mas épico mesmo era estar exausto e ainda assim conseguir criar algo incrível. Qual era o incentivo para parar? "Sempre podíamos simplesmente capotar no chão", disse Donn. "Fizemos isso algumas vezes. Acordávamos e dizíamos: 'Onde estávamos ontem à noite? Ah, certo: aqui.' Só queríamos que cada música fosse a melhor possível." O 5150 era como o nosso pequeno reino particular, onde éramos nós que ditávamos as regras. O que mais um cara de vinte e poucos anos poderia querer? O que mais alguém poderia querer?

Dave estava ficando cada vez mais irritado. Ele não ia passar a noite acordado ali – até porque não era exatamente bem-vindo. Havia momentos em que Ed precisava dormir durante o dia, e Dave queria trabalhar. Ele ainda agia como se a banda fosse "dele", mas já não dava mais para sustentar essa ilusão, agora que Ed comandava o processo de gravação.

Como o estúdio era do Ed, podíamos controlar também a mixagem e, finalmente – *finalmente*! – alcançar o peso sonoro que sempre buscamos: aquela imensidão estrondosa, como a do Led Zeppelin. É muito difícil colocar em palavras o que procurávamos – afinal, se fosse possível expressar isso com palavras, não precisaríamos de som! Mas Ed e eu sempre tivemos o mesmo ideal em mente: uma música que soasse, nas palavras do Ed, "como o Godzilla acordando". E Donn finalmente entendeu o nosso objetivo. Se não fosse pela flexibilidade dele – pela disposição de ouvir, experimentar e fazer as coisas de um jeito novo –, *1984* jamais teria acontecido.

Sei que não foi fácil para ele. Donn estava dividido entre seu grande amigo Ed – um talento único em sua geração, que ele queria apoiar – e Ted, o produtor e vice-presidente da Warner Bros., que era também seu chefe. "Já fazia quinze anos que eu estava na Warner e já tinha trabalhado em uns trinta álbuns com o Ted Templeman", Donn me contou. "Mas abri mão de tudo, porque havia algo mais importante."

Infelizmente, Ted detestava o som que a gente amava – o som "marrom" que finalmente conseguimos alcançar em *1984*. ("Achei que a bateria estava muito alta e disse isso. Mas o Al queria a bateria cada vez mais alta na mixagem, e Donn e Ed concordaram com ele", reclamou Ted. "Na hora da mixagem, aqueles três estavam completamente alinhados.") Ele simplesmente tinha um gosto diferente – e tudo bem. Nem estou dizendo que ele tinha mau gosto. Basta olhar os discos incríveis que Ted Templeman produziu! Eu entendo perfeitamente que ele tinha vinte bandas para acompanhar e vinte álbuns diferentes para produzir ao mesmo tempo – e isso não é fácil. Mas nós só tínhamos uma banda. E ela era a nossa vida.

Esta era a nossa *voz*. Se o Ed tivesse que construir um estúdio para gravar, se precisássemos contar com a cumplicidade do Donn, se fosse preciso ignorar o Ted e o Dave – custasse o que custasse –, faríamos um álbum que soasse como *nós*, para *nós*.

A PROVA ESTÁ NO RESULTADO. *1984* vendeu mais de dez milhões de cópias. A *Rolling Stone* o chamou de "o álbum que coloca todo o talento do Van Halen em foco". "Jump" foi indicada a três prêmios Grammy. E, aparentemente, Ted acabou admitindo a Donn que *1984* foi, para o Van Halen, o que *Sgt. Pepper* foi para os Beatles: o florescimento pleno da criatividade da banda. O trabalho de músicos que tinham uma visão madura do que queriam e simplesmente não iriam parar até conseguirem.

1984 chegou ao segundo lugar na parada da *Billboard* e ficou lá por cinco semanas.

Quer adivinhar por que não chegou ao primeiro lugar?

Tinha outro disco no caminho.

Thriller.

QUINZE

> Alex geralmente é ignorado, mas é um baterista brilhante – quase tão responsável quanto o irmão pelo impacto esmagador de "Jump". Alguns anos atrás, depois que foram convidados para abrir um show dos Rolling Stones na Flórida para cerca de 150 mil pessoas, Alex quebrou a mão em quatro lugares. Ele mal conseguia segurar uma baqueta. Mesmo assim, amarrou a baqueta ao pulso com um cadarço e continuou o show.
>
> **– *Rolling Stone*, 1984.**

Um repórter da *Rolling Stone* nos acompanhou na turnê esgotada no início de 1984 e, relendo o artigo agora, me chama atenção o título: *A dupla personalidade do Van Halen*. Acho que meu irmão levou meu (primeiro) divórcio depois de dois meses de casamento mais a sério do que eu! "Se eu pudesse tirar a dor do Alex, eu o faria", disse Ed ao repórter e em seguida chorou. "Muita gente neste planeta que orbita o sol tem medo de se permitir sentir. Mas, porra, eu choro se eu quiser, fico com tesão se eu quiser, rio se eu quiser. Eu sou incapaz de me conter." *É, Ed, principalmente depois de uma garrafa de Blue Nun!*

Repito: ele era sensível. Bêbado ou sóbrio, feliz ou deprimido, o mundo simplesmente o atingia. Ele transmitia toda essa emoção através da música, dos sorrisos, das lágrimas. A vida simplesmente o pegava de surpresa. Depois de *1984*, a briga com Ted e Dave o exauriu. (Aparentemente, meu divórcio também não ajudou! HA!) Tudo que ele queria era que aquele conflito desaparecesse.

E logo depois da nossa maior turnê, do nosso melhor disco, promovendo nosso único single número um, ele sumiu.

TUDO COMEÇOU QUANDO DAVE nos contou que faria um EP solo – e que Ted o produziria. Depois de tudo que você disse ao Ed sobre "Beat It", sobre os solos dele... você vai fazer seu próprio disco?! Você não pode estar falando sério! Não fazia sentido nenhum. (E, já que estamos falando de absurdos, sem o nosso freio, o gosto musical do Dave desandou de vez!)

Logo ele escreveu um roteiro, que chamou de *Crazy from the Heat* – o mesmo nome do EP e do seu livro de memórias... ele não se cansava desse título. Sobre o que era? DAVE!! Um astro do rock chamado David Lee Roth vai para as Ilhas Dongo com sua equipe de malucos para aventuras tropicais. Quer ver uma versão de duas horas do videoclipe de "California Girls"? É isso! Ele ainda teve a audácia de dizer ao Ed que iria nos deixar produzir a trilha sonora. Foi a última conversa que eles tiveram por um tempo.

Foi arrogância. Ele acreditava que nós o estávamos segurando, enquanto a realidade era que nos impulsionávamos mutuamente – éramos maiores do que a soma de nossas partes.

A raiva sempre esteve aqui comigo e crescia enquanto o Dave se afastava da banda... devagar, até que um dia... *Puta merda: aquele palhaço simplesmente desistiu?!* É como aquela citação de

Hemingway sobre a falência: "Duas maneiras: devagar e então de repente." Foi o fim do Van Halen original.

Eu estava com raiva, mas também confuso: estamos no auge da nossa carreira, tudo finalmente alcançando o nível que sonhamos desde a infância e você quer mudar a fórmula justo agora? Você tem ideia da sorte que temos, Dave? Como isso é raro? Finalmente soamos como nós!

COMO OUSA???????

"Minha saída do Van Halen não foi nada fácil", contou Dave doze anos depois. "Não teve comemoração, nem alívio. Pelo contrário, foi um dos momentos mais aterrorizantes que já vivi." Depois que o leite derrama, é fácil saber o que devia ter sido feito. Naquele momento, Dave tinha conseguido um contrato com a CBS para atuar, escrever e dirigir um filme – convencido de que isso faria sua carreira musical parecer insignificante. O contrato, no entanto, não vingou. E ele nunca mais teve outra chance.

Não estou me gabando. Para mim, é difícil admitir, mas a gente era melhor junto. E eu sei que isso é verdade, não importa o quanto a gente brigasse, ou o quanto me incomodasse só de pensar. "Quando Dave saiu da banda, Alex, Mike e eu ficamos arrasados", disse Ed anos mais tarde, depois que a fúria passou. "Ficamos sentados ali pensando: 'E agora?'. Trabalhamos com aquele cara por onze anos... e ele simplesmente foi embora."

O objetivo de uma banda é que vocês permaneçam juntos: lealdade de sangue, até a morte. Você se compromete de modo que a única saída será num paletó de madeira. Foi por isso que mandamos o Ted se foder lá no começo, quando ele quis que trocássemos nosso vocalista. Foi por isso que convenci o Ed a não sair em 1982. Depois que o público nos consagrou como grupo, a atitude do Dave foi vista como uma traição. Uma traição completamente estúpida, um abandono sem sentido!

"Todos na banda ficaram decepcionados", escreveu Dave. "Todos se sentiram abandonados. Eu senti o mesmo que eles." Não é complicado enxergar os defeitos do outro; o difícil é ver os seus próprios. Casamento é fácil comparado a manter quatro adultos viajando, tocando e gravando juntos todos os dias – especialmente quando um é seu irmão mais novo e outro... um egocêntrico!

Por um lado, ficamos até felizes com a saída do Dave, porque ele estava muito centrado em si mesmo. Mas, artisticamente, sentimos que algo estava faltando.

Algo estava errado.

Tivemos outros vocalistas depois e até mais sucesso com o empresário certo, o Ed Leffler. (Outro cara de que sinto falta. Não poderia ter sido melhor conosco e melhor em seu ofício. O melhor e ponto. Te vejo do outro lado, Leffler.)

Criatividade é uma conversa entre amigos. E a verdade é que nunca brigamos tão bem com ninguém quanto com o Dave.

Era como se todas as nossas ideias fossem para uma rinha, e só as que saíam vitoriosas iam para o palco. "Esse conflito nos consumia, mas gerou músicas que moveram a terra e mudaram a cultura", escreveu Dave. E ele tem razão – inegável.

Quando o Ed morreu, o Dave foi a primeira pessoa que me procurou e também o primeiro com quem eu quis conversar. Por respeito ao que fizemos juntos com meu irmão – com quem nenhum de nós jamais trabalhará novamente nesta vida.

ESSES DOIS ACONTECIMENTOS NÃO SÃO da mesma magnitude, mas os *sentimentos* que vivi quando o Dave saiu – injustiça, raiva, perda e perplexidade com o funcionamento do universo – foram como uma prévia da dor atroz que me atingiu quando meu irmão faleceu. Era aquela sensação terrível acontecendo, ao mesmo tempo devagar e abruptamente. Não me entenda mal: *não há comparação*. (Um foi só um arranhão; o outro foi a perda do meu irmão.) Depois que Dave saiu do Van Halen, seguimos em frente; não foi o fim do mundo, nem da banda. Quanto ao meu irmão... Levei cerca de um ano para escrever este livro; já faz quase quatro anos desde que ele morreu. Ainda acordo quase toda manhã e penso: *Ed! Onde diabos você está?* Nunca vou superar isso. Nunca me despedirei.

Tenho pensado muito no começo, ultimamente. De certa forma, o passado distante parece mais vivo do que a semana passada! Sonho com a viagem da Holanda até aqui. Tocando piano no refeitório com cheiro de navio, esperando por aquela garotinha de cabelos escuros. Pasadena, Califórnia – a Terra Prometida! Aquelas sílabas e sons que não tinham nada de holandês. E as cores! O Ford azul-bebê do meu tio; laranjas por poucos centavos. The Broken Combs. Minha mãe com a bolsa cheia de bifes. Arremessando uma garrafa no Red Ball Jet. O esfaqueamento em Walter Mitty's. Electric Lady com Gene. Correndo pela Ventura Freeway de salto plataforma para uma reunião épica na Warner Bros. Aquela noite na Escócia, quando soubemos que tínhamos um disco de ouro! E os discos de ouro que meu primo roubou na Las Lunas. Procurando Ozzy nas escadas e o vendo explodir aqueles patos de brinquedo que soltavam fumaça da boca. O Castaic Lake com Gregg, Ed e meu velho – todos vivos naquele dia, mas que já se foram. O casamento do Ed, o dia mais bêbado que já vi. A primeira vez que ele tocou o riff de "Jump" para mim. E aquela noite em Nuremberg, na Alemanha, o último show da nossa última turnê como Van Halen original.

"Vendemos a ideia de imaginação", escreveu Dave. "Imaginação extrema, levada ao ponto de ruptura." E nós rompemos. Aquilo foi a coisa mais decepcionante da minha vida – a mais injusta.

Até que perdi meu irmão.

EPÍLOGO

> Eles conseguiam terminar as frases um do outro… Às vezes, mantinham conversas inteiras sem dizer uma palavra. De vez em quando, soltavam uma expressão ou outra em holandês. Eram como gêmeos, Ed e Al. Entre gêmeos, existe esse tipo de compreensão tácita. Uma confiança inacreditável. Um apoio mútuo incondicional.
>
> ***– Stine Van Halen, 2022***

Hoje é seu aniversário, Ed: 26 de janeiro de 2024. Você faria sessenta e nove anos.

A onda de tristeza não passa. Alguém postou esta manhã: "Sinto muito, Alex. NUNCA chorei por alguém que eu não conhecia, mas era como se conhecesse vocês dois, porque crescemos ouvindo sua música e íamos a todos os shows quando o Van Halen passava pela cidade… A música nunca mais foi a mesma sem o Ed." Amém!

Outra pessoa escreveu: "Alex, você e seu irmão salvaram a minha vida quando eu atravessava um período muito sombrio. Obrigada por me inspirar e por me ajudar a sobreviver a tantos dias difíceis." Esqueça o Grammy, esqueça o topo da Billboard, esqueça o Rock and Roll Hall of Fame. O verdadeiro privilégio é se conectar com um estranho por meio da música nesse nível. Não é esse o propósito da arte? Tornar a vida mais suportável. Arte é esperança.

Mas esta foi a minha favorita: "Enviando boas energias para você, Al. Eddie foi um herói para mim – e minha esposa também morreu de câncer, um ano depois dele. Estou vivendo um dia de cada vez... mas o amor permanece." Isso é fato.

A raiva também. O câncer te matou, Ed – mas uma vida inteira de álcool e drogas não ajudou em nada. Quando teve câncer pela primeira vez, na língua, você culpou os anos segurando uma palheta de metal na boca enquanto tocava... em vez dos três cigarros acesos ao mesmo tempo que fumou durante trinta anos! Que tipo de insanidade é essa? Só de pensar nisso eu fico nervoso.

Tínhamos um sonho – o mesmo que milhões de pessoas têm – e ele se tornou realidade! Você tem noção da sorte que tivemos? Da sorte que você teve de nascer com um talento?

E, talvez, lá no fundo, você nunca tenha acreditado que era digno desse dom. Talvez por isso tenha sido tão autodestrutivo. Todo artista entende isso. Em algum momento, você quer quebrar o próprio instrumento, arrancar a própria orelha, bater a cabeça na parede – como o cara da capa de Fair Warning*! Você quer destruir aquilo que mais ama, só para parar de se agarrar a isso como se fosse sua própria vida. Parar de se preocupar em perdê-lo. Mas você foi corajoso até o fim, Ed.*

Quem acha que você era só um festeiro, um viciado, um alcoólatra, não faz ideia de como é difícil chegar ao ponto em que suas inibições somem e você finalmente consegue criar. Jimi Hendrix. Janis Joplin. Kurt Cobain. Edward Van Halen. O problema deles não era só o mau julgamento ou a falta de força de vontade. Eles bebiam, cheiravam ou se injetavam com qualquer "poção" na tentativa de escapar da realidade, do mundo da lógica e da repetição interminável dos dias. A estrada está cheia de músicos que morreram tentando perseguir algo que achavam ter ouvido. Na nossa profissão, o vício é um risco ocupacional.

A piada que rolava na indústria era: Você nunca vai ver os dois irmãos Van Halen sóbrios ao mesmo tempo. Durante muitos anos, era verdade! O álcool me ajudava a silenciar os pensamentos, entrar no fluxo e deixar meu corpo assumir o controle. Mas chegou um momento em que eu sabia que me esgotaria se não parasse.

Você, Ed, nunca parou. O verdadeiro problema não foi a bebida – foi você ter tanta gente te dizendo que você era um gênio, o maior guitarrista de todos os tempos. Tudo verdade. Mas você engoliu toda essa história e acabou esmagado pelo peso de tanta bajulação.

Nosso pai dizia desde o começo: Não acredite nas suas próprias babaquices. Apenas toque. E, se for tocar num casamento, vista um smoking! Dê tudo de si. Cumpra sua parte. Você é o chefe da família. Faça o seu TRABALHO.

Mas o amor permanece.

Essa é a verdade. Ainda nos comunicamos. Paul McCartney disse uma vez, sobre John Lennon: "Hoje em dia, quando estou escrevendo uma música, muitas vezes penso: 'Ok, John, agora é com você. Qual verso vem depois?' Então é como se eu tivesse um John virtual." Eu sei bem o que ele quer dizer. Você ainda está comigo, Ed.

Como vivemos numa sociedade ocidental, as pessoas tendem a chamar isso de projeção. Mas pergunte a qualquer físico: energia não se cria, nem se destrói. Quando uma nuvem se dissipa, o que acontece com a água? Ela não desaparece – só muda de forma. O mesmo vale para você, Ed. Ou para qualquer outro ser humano neste planeta.

Por isso, nunca vou dizer adeus.

Conforme envelheço, fico cada vez mais supersticioso – igual à nossa mãe. O ilhéu em mim está se revelando! (A propósito, fiz setenta anos – SETENTA! Se você estivesse aqui, meu único consolo seria te encher o saco porque logo você também estaria nessa década.) Penso em como nossa mãe morreu no aniversário do meu filho mais novo, Malcolm, em 4 de agosto. E então você morreu no aniversário do meu filho mais velho, Aric, em 6 de outubro. Não sei exatamente o que isso significa, mas não acho que seja só coincidência. A mesma coisa aconteceu com nosso primeiro baixista, Mark Stone, que morreu dez dias antes de você. Ou a vez que liguei para o Gregg Emerson – depois de anos sem contato – e disse:

– Ei! Acabei de ter um filho!

E ele respondeu:

– Você tá brincando? Eu também acabei de ter um!

Há algo especial em almas que entram e saem da vida quase ao mesmo tempo.

Sei que vou te ver de novo. E vamos tocar por horas – por dias. Sempre foi assim que expressamos a forma mais profunda de intimidade entre nós. E você nunca, nunca interferiu. Jamais disse – ou sequer pensou – "Você é só o baterista, Al, e eu sou o melhor guitarrista do mundo, então vai ser do meu jeito." Éramos iguais. E você nunca se esqueceu disso. Sempre nos apoiamos incondicionalmente, mesmo nas brigas. Éramos uma equipe.

Éramos irmãos. Ainda somos. Nem a morte muda isso.

Outra fala do Paul McCartney de que eu gosto é esta: "Os Beatles brigavam. É normal, é coisa de família."

Eu vou te ver de novo, Ed.

E quando isso acontecer, vou te dar um chute no traseiro.

Com carinho,

Al

NOTA DO AUTOR

Confiei na minha memória para escrever este livro e fico feliz que algumas das outras pessoas que estavam presentes quando tudo aconteceu também tenham escrito os seus. *Runnin' with the Devil*, do falecido Noel Monk, e *A Platinum Producer's Life in Music*, de Ted Templeman, foram leituras interessantes. E, claro, teve *Crazy from the Heat*, de David Lee Roth, que me fez lembrar de episódios e conversas nos quais eu não pensava havia anos.

Discordo dos meus antigos colegas em diversos pontos, mas ainda assim foi interessante conhecer as diferentes versões da história.

Tenho sentimentos contraditórios em relação aos livros de todos os "Van Halen-ólogos", porque muitos deles, na verdade, não estavam lá. Mas li todos, só para relembrar o que Ed e eu dissemos ao longo dos anos – às vezes quando estávamos com raiva, outras quando já tínhamos bebido algumas, e em certos momentos em que conseguimos expressar em palavras aquilo que sempre soubemos dizer melhor por meio da nossa música.

AGRADECIMENTOS

Obrigado a Stine, Aric, Malcolm, Wolf, Ed, Jan e Eugenia Van Halen, Ariel Levy, Luke Janklow, Irving Azoff, Sara Nelson, Edie Astley, Ben Pfeiffer, Charlie Arneson, Rupert Handgretinger, Thomas Vogl, Bill Wilson, Joe Walsh, Larry Solters, Mo Ostin, Ted Templeman, Donn Landee, Ed Leffler, Lenny Waronker, Glen Ballard, Ross Hogarth, John Shanks, Hans Zimmer, Bob Clearmountain, Johnny Douglas, Brad "1.5" Stark, John Beug, Carolyn Mayer, Billy Carson, Mark Fenske, Michael Karlin, Susan Genco, Harry Sandler, Kristen Price, Rafi Anteby, John McEnroe, Roy Schmidt Weymans, Heinz Pasche, Matt Sencio, Neil Zlozower, Stan Getz, Freddy Gruber, Jim Keltner, Levon Helm, Simon Phillips, Billy Cobham, Hal Blaine, Buddy Rich, Ringo Starr, Dave Clark, Louie Bellson, Art Blakey, Max Roach, Elvin Jones, Joe Morello, Ginger Baker, Keith Moon, John Bonham, Ed Shaughnessy, Max Thoms, Terry Bozzio, Jeff, Steve e Mike Porcaro, Kenny Aronoff, Mike Portnoy, David Garibaldi, Jim Keltner, Carmine Appice, Bill Bruford, Vinnie Colaiuta, Steve Lukather, Brian May, Jimmy Page, Les Paul, David Paich, Gene Simmons, Paul Stanley, Ozzy Osbourne, Tony Iommi, David Lee Roth, Nathan Roth, Lars Ulrich, Rodney Bingenheimer, Gregg Emerson, Neal Schon, Chris Cornell, Billy Sheehan, Rick Granati, George Gaspar, Paul "Jamo" Jaimeson, Ross Velasco, Kennis Lutz, Denis Imler, Eddie Anderson, Charlie Sheen,

Ken Deane, Ross Hogarth, Todd Trent, Bill Ludwig III, Ken Micallef, David Frangioni, Dave Weiderman, Peggy McCreary, Dweezil Zappa, Brian Kehew, Mark e Darlene Stone, Tommy Robbie, Rick Broderick, Terry Kilgore, Dana Anderson, Dan Stewart, Mike Palomo, Brian e Kevin Hill, Don Ferris, John Heil, Richie Mahaffey, Robin Williams, Kevin Ford, Frank Trejo, Stan Swantek, Larry Abajian, Jennifer Blakeman, Liz Wiley, Mike Ascolese, James Borrelli e DEUS.

SOBRE O AUTOR

Alex Van Halen é cofundador da banda Van Halen. Segundo a revista *Modern Drummer*, "mais do que qualquer baterista na história do rock, foi fundamental para definir o som característico de sua banda – e isso é notável, visto que seu irmão guitarrista é um dos músicos mais influentes de todos os tempos. O estilo de Alex, vibrante e imprevisível, e o ataque sonoro de sua batida única injetam uma dose de excitação à música, preparando o palco para a personalidade inconfundível do grupo."

Leia o QR Code e conheça outros
títulos do nosso catálogo

@editorabelasletras
www.belasletras.com.br
loja@belasletras.com.br
54 99927.0276

Este livro foi composto em Adobe Caslon Pro e impresso pela gráfica Maistype em dezembro de 2025.

IRMÃOS
ALEX VAN HALEN